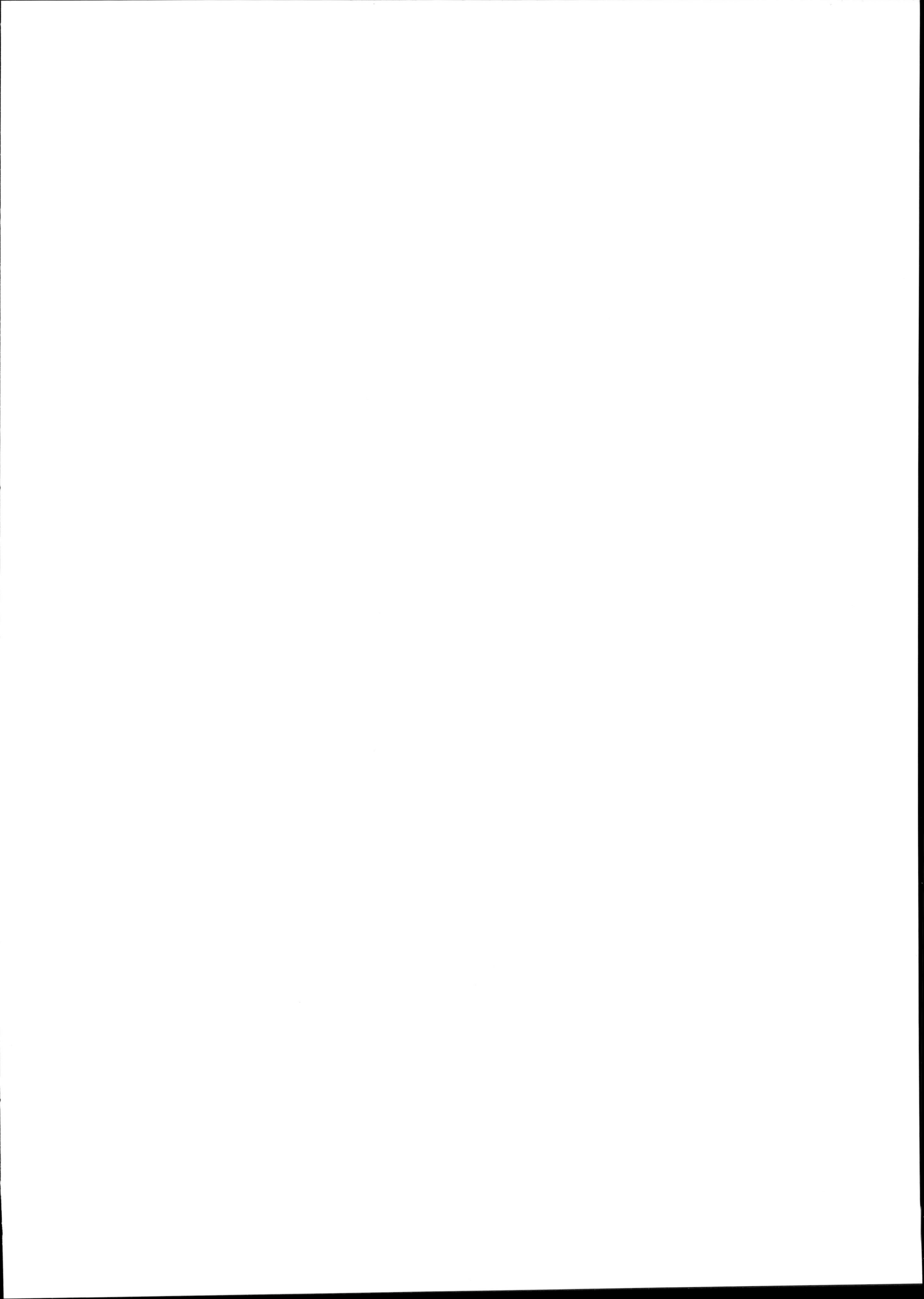

圖版目録

春秋公羊傳卷二

書衣……一
面板
題簽　何維樸……三
題簽　何維樸……七
蜀石經齋圖　題端　李瑞清……八
林紓……一四
題識　林紓……一六
曾廣鈞……一九
蜀石經齋圖　汪洛年……二〇
題識　劉廷琛……二二
題端　何紹基……二四

春秋公羊傳卷二

桓公六年……三二
桓公七年……三六
桓公八年……三八
桓公九年……四四
桓公十年……四七
桓公十一年……四九
桓公十二年……五八
桓公十三年……六〇
桓公十四年……六三
桓公十五年……六六
題識　吴履敬、吴式訓……七〇
馮志沂……七三
陳慶鏞……七四
陳慶鏞……七四
鄭復光……七五
石經考異補下
蜀石經公羊殘碑　陳慶鏞……七六
題識　葉爾愷……八〇
馮煦……八三
鄭沅……八六
楊守敬……八八
孟蜀石經歌　陳榮昌……九〇
章鈺……九四
余誠格……九八
劉體乾……九九
孫雄……一〇〇
吴學廉……一〇二
王秉恩……一〇四
王文燾……一〇八
田庚……一一一
陳重威……一一一

宋育仁……一一二
駱成驤……一一四
尹昌齡……一一六
劉體蕃……一一八
蜀石經齋記　龔慶霖……一二〇
蜀石經齋歌爲健之賦　趙椿年……一二六
張其淦……一二八
背板……一三四

陳氏木刻蜀石經

書衣……一三五
面板
題簽　章梫……一三七
鈕樹玉……一三九
蜀石經殘字　陳宗彝
蜀石經殘字……一四〇
蜀石經跋　顧廣圻……一四二
陳宗彝……一四四
重刊蜀石經殘本叙　陳繼昌……一四六
毛詩卷一
國風・召南
鵲巢……一五四
采蘩……一五五
草蟲……一五七
采蘋……一五九
甘棠……一六二
行露……一六三
羔羊……一六六
殷其靁……一六七
摽有梅……一六九
小星……一七一
江有汜……一七三
野有死麕……一七五
何彼襛矣……一七八
騶虞……一八〇
毛詩卷二
國風・邶風
柏舟……一八二
緑衣……一八五
燕燕……一八八
日月……一九〇
終風……一九三
擊鼓……一九六
凱風……一九九
雄雉……二〇一
匏有苦葉……二〇四
谷風……二〇七
式微……二一三
旄丘……二一四

簡兮 …… 二一七
泉水 …… 二二〇
北門 …… 二二三
北風 …… 二二六
静女 …… 二二八
新臺 …… 二三〇
二子乘舟 …… 二三二
跋　陳宗彝 …… 二三四
春秋經傳集解
昭公二年 …… 二三八
蜀石經跋　陳宗彝 …… 二四四
題識　劉體乾 …… 二四六
背板 …… 二四八

蜀石經題跋姓氏録

面板
題簽　劉體乾 …… 二四九
蜀石經題跋姓氏録
蜀石經題跋各家姓氏録（乾隆五十二年至宣統二年）…… 二五〇
蜀石經題跋各家姓氏録（宣統辛亥年起）…… 二五六
蜀石經觀款各家姓氏録 …… 二七二
蜀石經題簽署首各家姓氏録 …… 二八〇
蜀石經齋圖各畫家姓氏録 …… 二八四
題識　劉體乾 …… 二八六
背板 …… 二九〇

宋拓蜀石經春秋公羊傳弟二卷

何維樸為健之題

宋拓蜀石經春秋公羊傳第二卷

何維樸爲
健之題

李

經

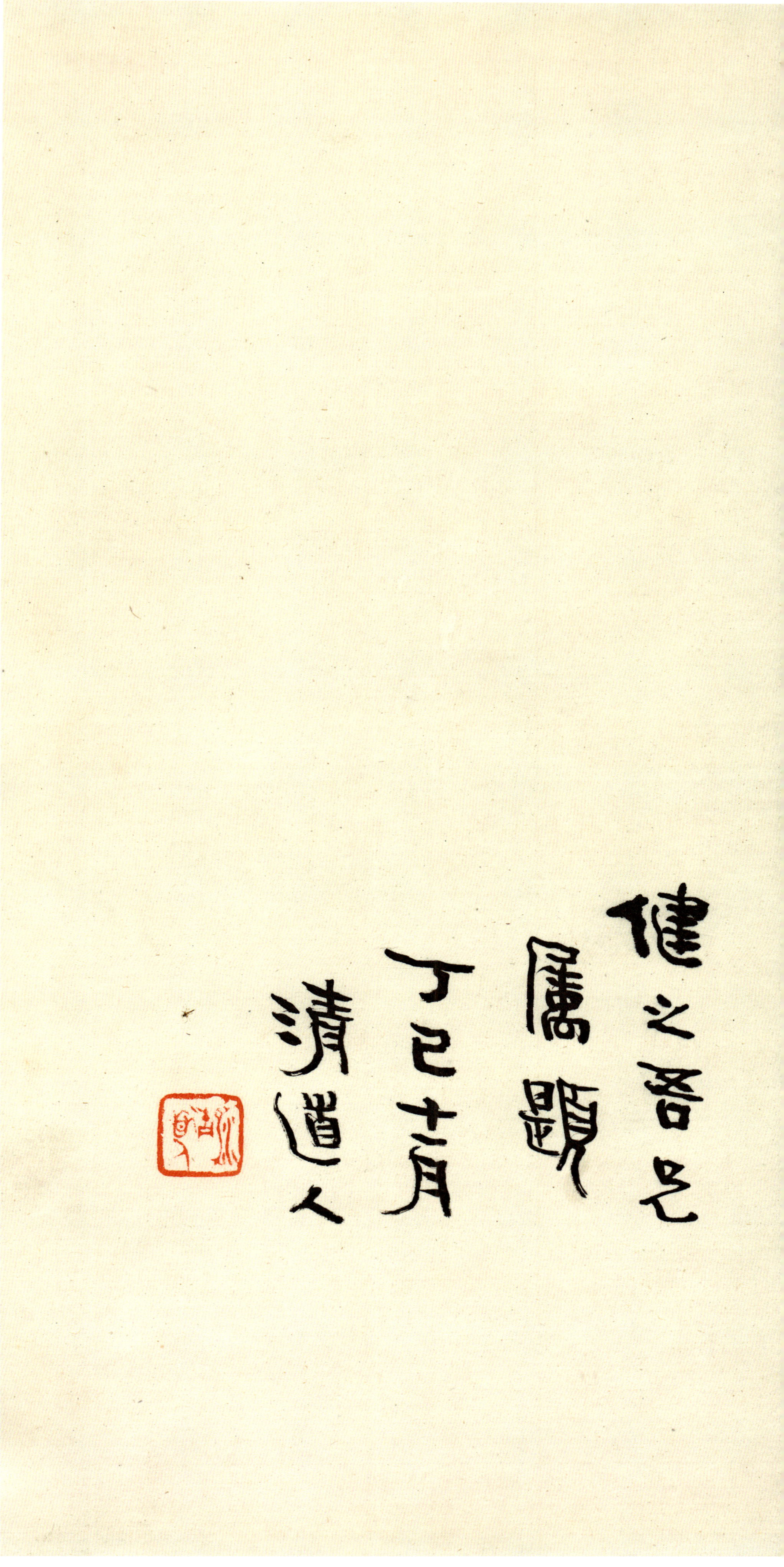
健之吾兄
屬題
丁巳十月
清道人

蜀石經齋圖
癸丑七月
閩縣林紓寫

傳之先生客作蜀石經齋圖逾年始作似還之內照珠光因補
題長句
五季僭竊多亡文吳蜀獨留文字芬江南小朝尚詞
華宋及蜀主宗典墳重之宰相毋昭裔成都琢石
天下聞二孫二張周德貞字畫清整追歐詢摹丹入石
蜀廣政是時開運當甲辰一本經湖獨少公穀蜀此缺
憾存城均後來田公瞻好古三經摹刻煩乎民蜀刻仍
後避晉諱天華分為存君臣左傳成江缺祥字医庠

二錦維橫陳並時出祥已儲歸海閣不與匹唐親
回溯宋臣戴天水特缺恆字尊宗真綜之蜀字則
天下父翁高聯皆繫人意和風流寵在慈徑字乃
内出梁津儲之睹古世所罕覓得綫本渾如新
文宗惠彼藏公老口碑作刻邑良張歸紫只此他可想
帥臣本自宜清貴作齋收貯徵我畫寶豈乃與瑪琳
瑜經年不歸負諾責情我生為記閻身作圖此之勝長

向此齋定洗元規塵

癸丑七月既望　林紓評於宣南春覺齋

熹平星鳳久同稀三體吾疑槀木肥洛陽新出六石決
爲近人贋作以上尊神用筆對勘自見後擁開成矜卷
帙何如廣政極精微幾雙龍劍因人合四萬驪珠在子
衣要与壇山爭癸巳不煩卜肆辨支機

健之以所藏蜀石經索題欽喜讚歎將使瓦釜附和辥以傳

攸安曾廣鈞

蜀石經齋圖
健之仁兄新得孟蜀石經
因以名齋并屬洛年製
圖以記之時壬子五月

而孟蜀雖刻于叙來而
經術秀洊萃於蜀石
瑜如璧誠足羞堪新搜
手熹平殘字瑗中詡
三體黃初之穀之蜀本
流傳宋拓琛摩掛焉

元徽孤黃 如湖州黃小松均出之丹牧

如湖上家大家練羽詩並意

羣盛松昭四作油之室縈

光輝耀海于進

健之仁兄寵而石種氐昆

宣統葉元春初于逵瓊

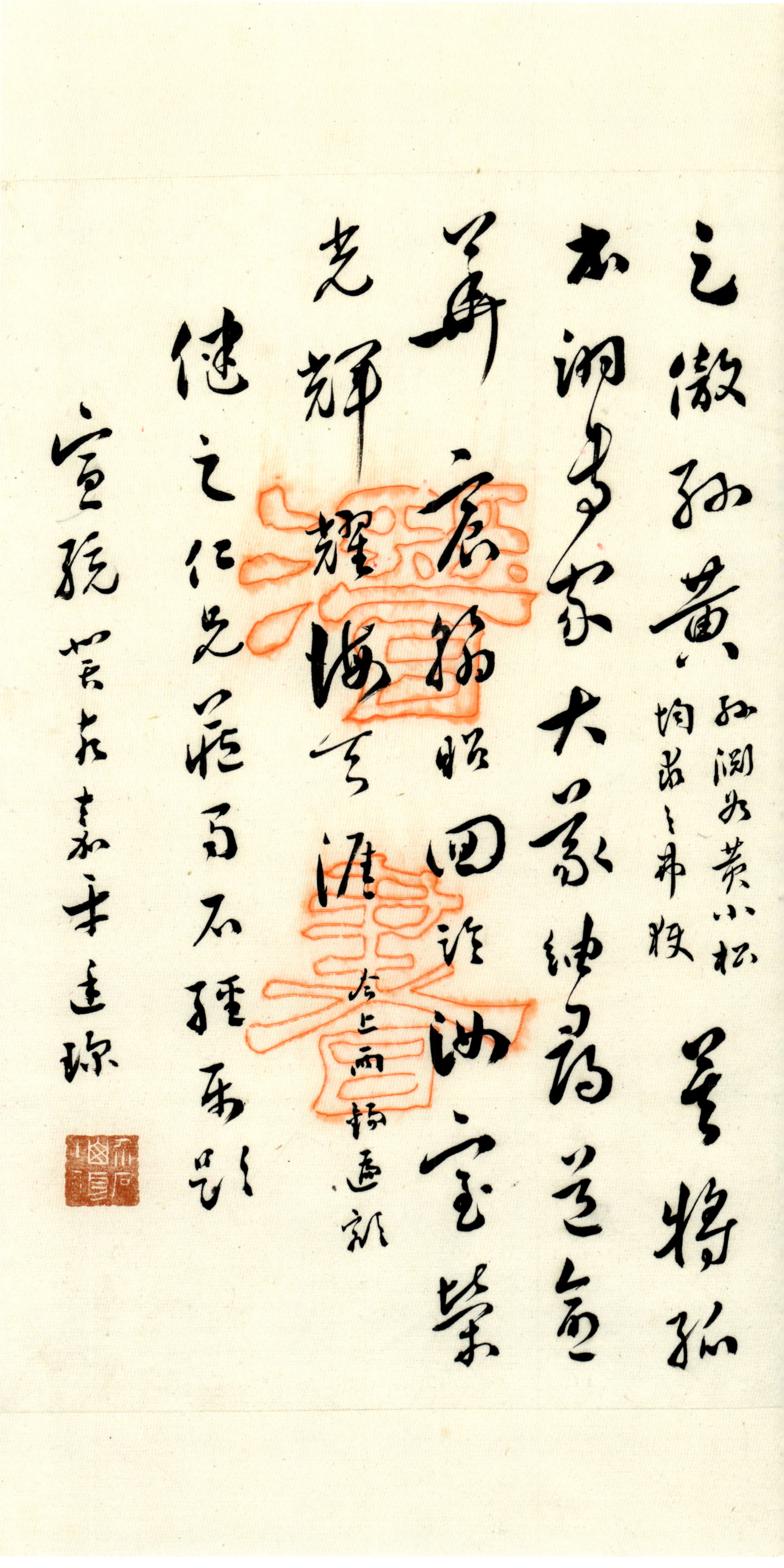

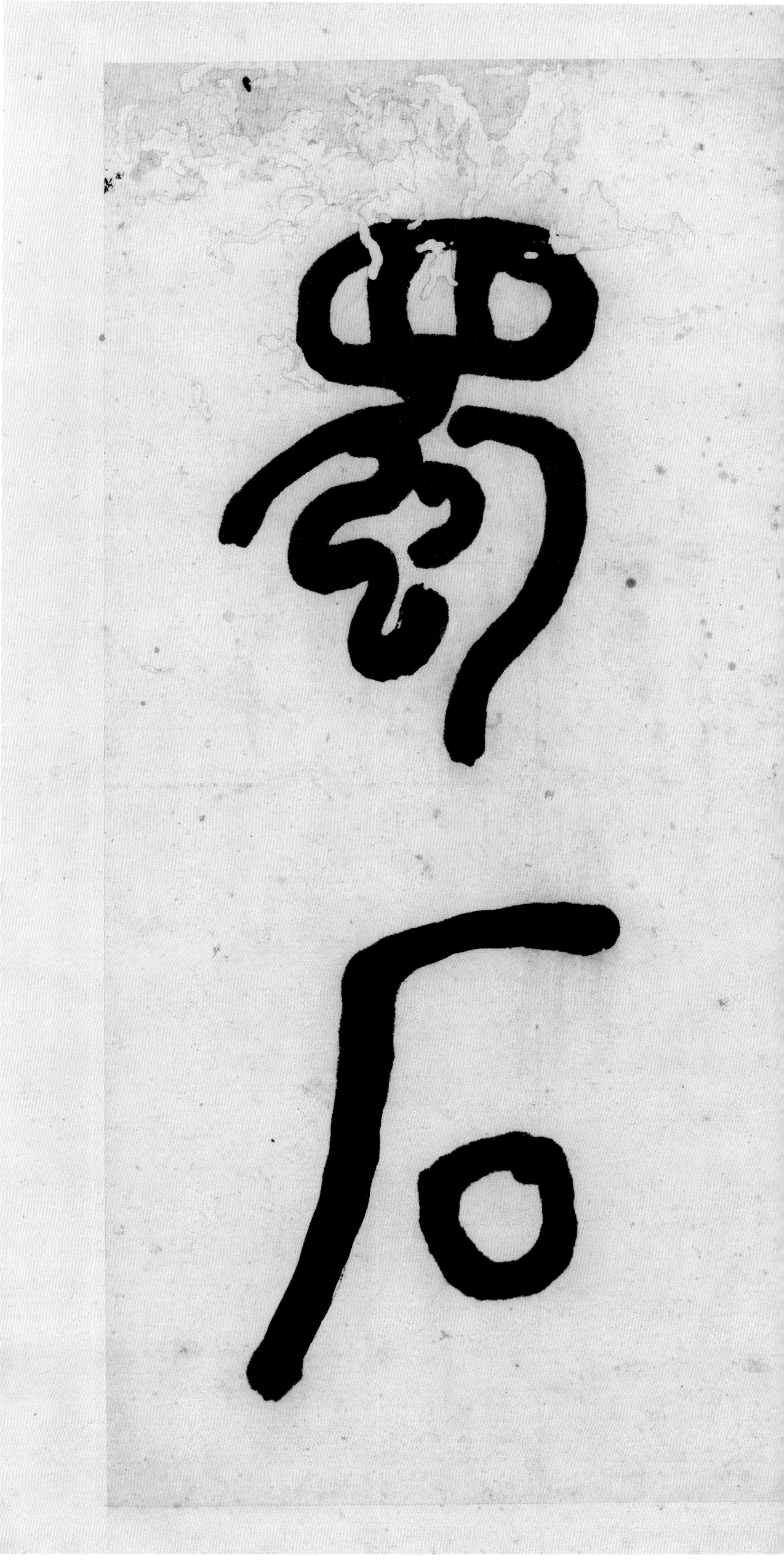
蜀石

羊傳

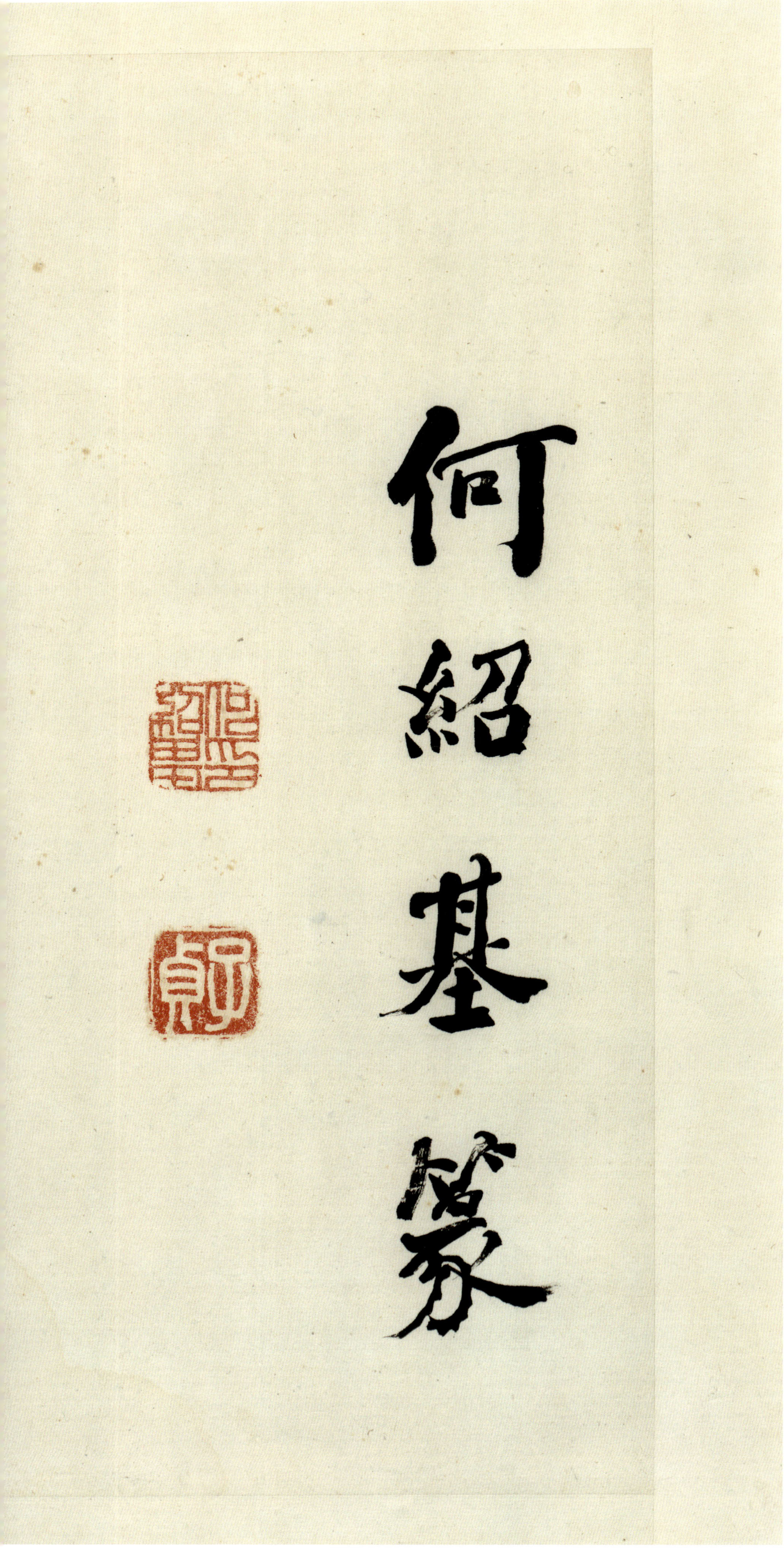
何紹基篆

來也猶曰是人來不録何等人之辭孰謂謂州公也以上如曹書曷為
謂之寔來慢之也曷為慢之据葵丘之盟日化我也
行過無禮謂之化齊人語也諸侯相過至竟必假塗入都必
朝所以崇禮讓絶慢易戒不虞也今州公過魯都不朝魯是
慢之爲惡故書寔來見其義也月
者危録之無禮之人不可備責之夏四月公會紀
侯于成秋八月壬午大閱閱者何簡車

徒也大簡閱兵車使可任用而習之何以書蓋以罕書也罕希也孔
子曰以不教民戰是謂棄之故比年簡徒謂之蒐三年簡車謂之大閱五年大簡車徒謂之大蒐存不忘亡安
不忘危不地者常地也蒐例時此日者桓既無文德又忽忘武備故尤危錄蔡人殺陳佗
陳佗者何陳君也以躍卒不書葬也陳君則曷為謂
之陳佗據殺蔡侯般不言蔡般絕也絕者國當絕曷為絕之據戕

鄫子不絶賤也其賤奈何外淫也惡乎淫惡□猶於何也
淫于蔡蔡人殺之蔡稱人□與使得討之故從討賊辭□賤而去其爵
者起其見卑賤猶律文立子姦母見乃得殺之也不日不書葬者從賊文九月丁卯子同
生子同生者孰□謂莊公也以夫人言同非吾子何言
乎子同生据君在稱世子子般不言生喜□□也喜國有正嗣未

有言喜有正者此其言喜有正何久無
正也子公羊子曰其諸以病桓與其諸辭也本所以書
莊公生者感隱桓之禍生於無正故喜有正而不以無
子正稱書者明欲以正見無正疾惡桓公且著喜錄之
禮生與來日死與往日各取其所見日也禮世子生三日
卜士負之寢門外以桑弧蓬矢射天地四方明當有天地
四方之事三月君名之大
夫負朝于廟以名徧告之冬紀侯來朝朝聘例時

七年春二月己亥焚咸丘焚之者何樵之
也樵薪也以樵燒之故因謂之樵之樵之齊人語樵之者何以火攻也何
言乎以火攻據戰伐不道所用兵疾始以火攻也征伐之道不過
用兵服則可以退不服則可以進火之盛炎水之盛衝雖欲服罪不可復禁故疾其暴而不仁也傳不託始者前此未有
無所託也咸丘者何邾婁之邑也曷為不繫乎

邾婁據郱鄑郚繫紀國之也欲使如國故無所繫加之者嫌無國也曷為
國之據郱鄑郚不國君存焉爾所以起邾婁君在咸丘邑明臣子當赴其難與在國
等也日者重録以火攻也夏穀伯綏來朝鄧侯吾離來
朝皆何以名據滕薛不名也失地之君也其稱侯
朝何據以賤也貴者無後待之以初也以穀鄧本與魯同貴為

諸侯今失爵亡土來朝託寄也義不可卑故明當待之
如初所謂故舊不遺則民不偷無後者施於所奔國也
獨妻得配夫託衣食於公家子孫當受田而耕故云爾
下去二時者桓公以火攻人君故貶明大惡不月者失
地君朝惡人輕也
名者見不世也

八年春正月己卯烝烝者何冬祭也春
曰祠薦尚韭卵祠猶食也猶繼嗣也春物始生孝
子思親繼嗣而食之故曰祠因以別死生夏

曰礿薦尚麥魚始孰可汋故曰礿秋曰嘗薦尚黍肫嘗者先辭也秋穀成者非一黍先熟
可得薦故曰嘗
冬曰烝薦尚稻鴈烝衆也氣盛貌冬萬物畢成所薦衆多芬芳備具故曰烝無牲而祭
謂之薦天子四祭四薦諸侯三祭三薦大夫士再祭再薦祭
於室求之於幽祭於堂求之於明祭於祊求之於遠皆孝子
博求之意也大夫求諸明士求諸幽尊卑之差也殷人先求
諸明周人先求諸幽質文之義也禮天子諸侯卿大夫牛羊
豕凡三牲曰大牢天子元士諸侯之卿大夫羊豕凡二牲曰
少牢諸侯之士特豕天子之牲角握諸侯角尺卿大夫索牛

常事不書此何以書譏何譏爾譏亟也亟數也屬

二月已烝今復烝也不異烝祭名而言亟者取冬祭所爲衆多新以包四時之物亟則黷

黷則不敬黷渫黷也君子之祭也敬而不黷君子生則

敬養死則敬享故將祭宫室既修牆屋既繕百物既備序其禮樂具其百官散齊七日致齊三日夫婦齊戒沐

浴盛服君牽牲夫人奠酒君親獻尸夫人薦豆卿大夫相

君命婦相夫人洞洞乎屬屬乎如弗勝[illegible]之濟濟乎

致其敬也愉愉乎盡其忠也勿勿乎其欲饗
之也文王之祭事死如事生孝子之至也　疏則怠怠則
忘怠解士不及茲四者則冬不裘夏不葛禮本下為
士制茲此也四者四時祭也疏數之節靡所折中是故君子
合諸天道感四時物而思親也祭必於夏之孟月者取其見
新物之月也裘葛者御寒暑之美服士有公事不得及此四
時祭者則不敢美其衣服蓋思念親之至也故孔子曰吾不
與祭如
不祭天王使家父來聘家采地父字也天子中大
夫氏采故稱字不稱伯仲也夏

五月丁丑烝何以書譏亟也〔與上祀同為亟也〕秋伐邾婁冬十月雨雪何以書記異也何異爾不時也〔周之十月夏之八月未當雨雪此陰氣大盛兵象也是後有郎師龍門之戰流血尤深〕祭公來遂逆王后于紀祭公者何天子之三公也〔天子置三公九卿二十七大夫八十一元士凡百二十官下應十二子祭者采也天子三公氏采稱

晉何以不稱使据宰周公稱使婚禮不稱主人時王者有
母遂者何生事也生猶造也專事之辭大夫無遂事此
也其言遂何据待君命然後卒大夫也成使乎我也以上來無事知遂成
使于我其成使乎我奈何使我為媒可則
因用是往逆矣婚禮成於五先納采問名納吉納徵請期然後親迎時王者遣祭

公來使魯爲媒[illegible]則因用魯往迎之不復成禮疾王者不重妃匹逆天下之母若逆婢妾將謂海內何哉故譏之不言如紀者辟有外文女在其國稱女此其稱王后何王者無外其辭成矣

九年春紀季姜歸于京師其辭成矣則其稱紀季姜何自我言紀父母之於子雖

爲天王居猶曰吾季姜明子[illegible]加於父母京師者何天子之居也以季姜言歸京者何大也師者何衆也天子之居必以衆大之辭言之地方千里周城千雉宮室官府制度廣大四方各以其職來貢莫不備具所以必自有地者治自近始故據土與諸侯分職[illegible]聽其政焉即春秋所謂內治其國也書季姜歸者明魯爲[illegible]有送迎之禮

夏四月秋七月

冬曹伯使其世子射姑來朝諸侯來曰

朝此世子也其言朝何据呂子一例當言聘春秋有譏

父老子代從政者則未知其在齊與曹

與在齊者世子光也時曹伯年老有疾使世子行聘禮恐卑故使自代朝雖非禮有尊厚魯之心傳見下卒葬詳錄

故序經意依違之也小國無大夫所以書者重惡世子之不孝甚

十年春王正月庚申曹伯終生卒夏五

月葬曹桓公（小國始卒當卒月葬時而卒日葬月者曹伯年老使世子來朝春秋敬老重恩故爲魯恩錄之尤深）秋公會衛侯于桃丘弗遇會者

何期辭也其言弗遇何公不見要也（時實桓公欲要見衛侯衛侯不肯見[illegible]以非禮動見拒有恥故諱使若會而不相遇[illegible][illegible]遇者起公要之也弗者不之深也[illegible]）

公見拒深傳言公冬十有二月丙午齊侯衛
見要者順經諱文以
侯鄭伯來戰于郎郎者何吾近邑也言
來
也吾近邑則其言來戰于郎何据齊師宋師次
于郎不言來公敗宋師不
言戰龍門之戰不舉地也近也惡乎近近乎圍
地而言來者明近都城幾與圍
也無異不舉戰者從下說可知此偏戰也何以不

言師敗績〔据十二年[illegible]敗績偏[illegible]一面也結日定地各居一面鳴鼓而戰不相[illegible]〕内不言戰言戰乃敗矣〔春秋託王於魯戰者敵文也王者兵不與諸侯敵戰乃其已敗之文故不復言師敗績魯不復出主名者兵近都城明舉國無大小當戮力拒之〕

十有一年春正月齊人衛人鄭人盟于惡曹〔月者桓公行惡諸[illegible]所當誅[illegible]上三國來戰于郎今便[illegible]弃盟故爲會[illegible]危録之[illegible]〕

月癸未鄭伯寤生卒秋七月葬鄭莊公〔莊公殺段所以書葬者段當國本當從討賊辭不得與殺大夫同例〕九月宋人執鄭祭仲祭仲者何鄭相也〔不言大夫者欲見持國重〕何以不名賢也何賢乎祭仲〔据宋執君出不能除難〕以為知權也〔權者稱也所以別輕重喻祭仲知國重君輕君子以存國除逐君之罪雖不能防其難罪不足而功有餘故得為賢也不

別度量者取其平實以無私其爲知權奈何古者鄭國處
于留先鄭伯有善于鄶公者通乎夫人
以取其國而遷鄭焉遷鄭都并鄶也而野留野鄙也傳
本上事者解宋所以得執祭仲因以爲戒莊公死已葬祭仲將往
省于留塗出于宋宋人執之宋人宋莊公也謂之

曰爲我出忽而立突突宋外甥祭仲不從其言則君必死國必亡祭仲死而忽遁爲突所驅逐而出命爲宋不書忽奔見微弱甚是時宋强而鄭弱祭仲探宋莊公本弑君而立非能爲突將以爲賂動守死不聽令自入見國無拒難者人衆使將滅鄭故深慮其大者也從其言則君可以生易死國可以存易亡少遼緩之宋當從突求賂鄭守正不與則突外乎

[illegible]於臣下遼假緩之則突可故出而忽可故反是不可得則病使突有賢才是計不可得行則己病逐君之罪然後有鄭國己雖病逐君之罪討出突然後能保有鄭國猶愈於國之亡古人之有權者祭仲之權是也古人謂伊尹也湯孫太甲驕蹇亂德諸侯有叛志伊尹放之桐宮令自思過三年而復成湯之道前錄[illegible]自安天下之功猶祭仲逐君存鄭之[illegible]權者何

權者反於經然後有善者也權之所設舍
死亡無所設設施也舍置也如置死亡之事不得施行權有道自
貶損以行權身蒙逐君之惡以存鄭是也不害人以行權己納突不
害忽是也殺人以自生亡人以自存君子不為也
祭仲死則忽死忽死則鄭亡生者乃所以生忽存鄭非苟殺忽以自生亡鄭以自存及罷直此者皆所[illegible]

死之不施於己突不稱公[illegible]篡鄭立篡首惡當誅猶
伯執也祭仲不稱行人者時不從君命出使但往省
留耳執例時此月者為
突歸于鄭
突歸鄭奪正鄭伯出奔
突何以名括絜
復歸于鄭復祭仲所欲
繫國稱世子不但名也
挈乎祭仲也挈猶提挈也突當國
本當言鄭突欲明祭仲從宋人命提挈而納之故立突矣
祭仲不繫國者使與外納同也時祭仲勢可殺突以除
忽害而立之者忽內未能懷保其民外未能結助諸侯
如殺之則宋軍強乘其弱滅鄭不可救故少遼緩之

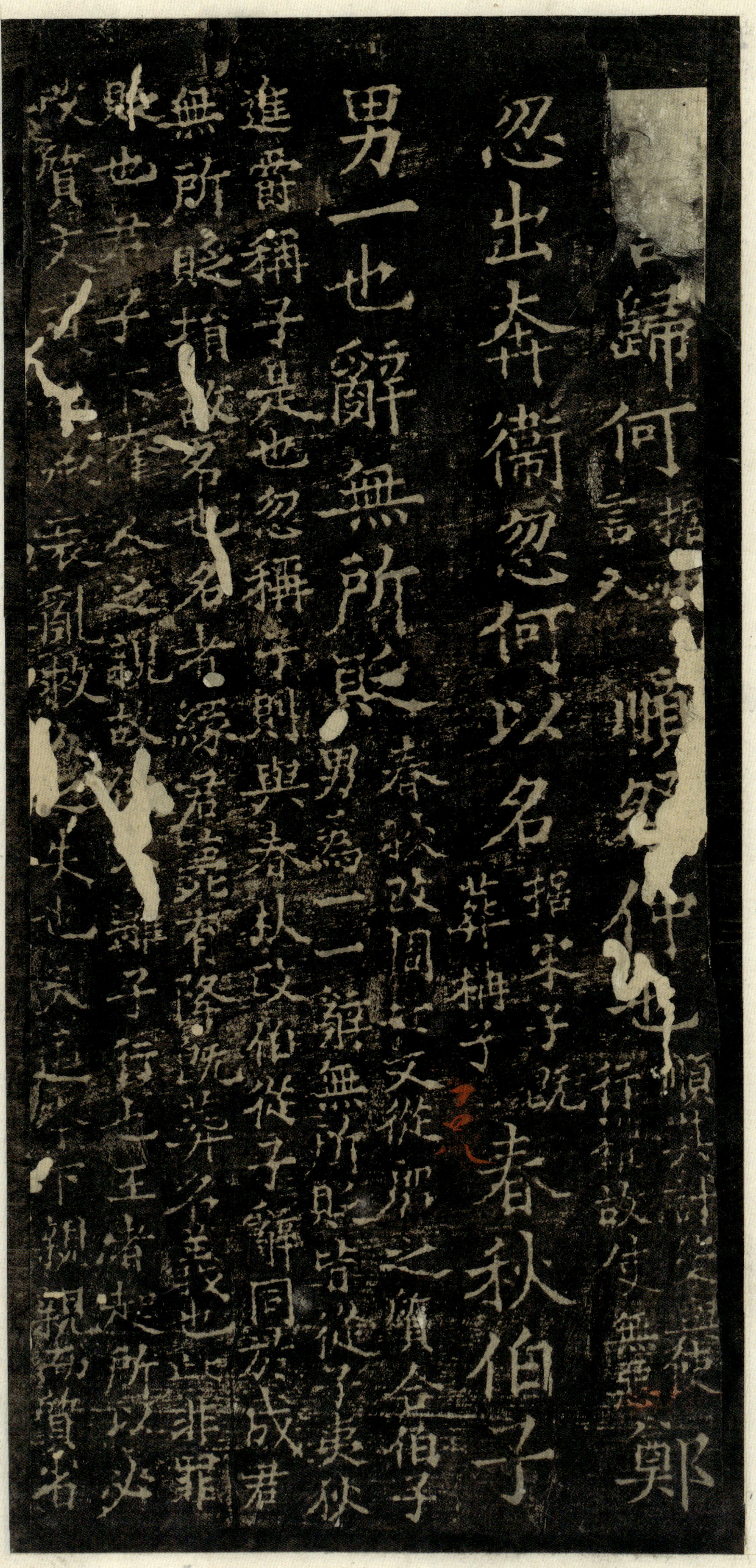

其言歸何指[illegible]言入[illegible]順祭仲也順此[illegible]行[illegible]故[illegible]無[illegible]鄭忽出奔衛忽何以名指某子既葬稱子春秋伯子男一也辭無所貶春秋改周之文從殷之質合伯子男為一一辭無所貶皆從子夷狄進爵稱子是也忽稱子則與春秋改伯從子辭同於成君無所貶損故名也名者緣君薨有降既葬名義也此非罪貶也君子不奪人之親故[illegible]辭子行上王者起所以必[illegible]質[illegible]亂[illegible]失也[illegible]不親親[illegible]質者

地道敬上等尊而文[illegible]道以道各
質而親親親[illegible]其義敬其先[illegible]不尊故後起法地
道以治天下[illegible]而尊尊[illegible]也[illegible]不親
故復之於質也質家爵三等者法天之有三光也文
家爵五等者法地之有五行　柔會宋公陳侯蔡
也合三從子者制由中也
叔盟于折柔者何吾大夫之未命者也以微
辛也輒發傳者無氏嫌貶也所以不辛柔者深薄與不
與有惡禮於大夫也盟不日未[illegible]大夫盟會用[illegible]不

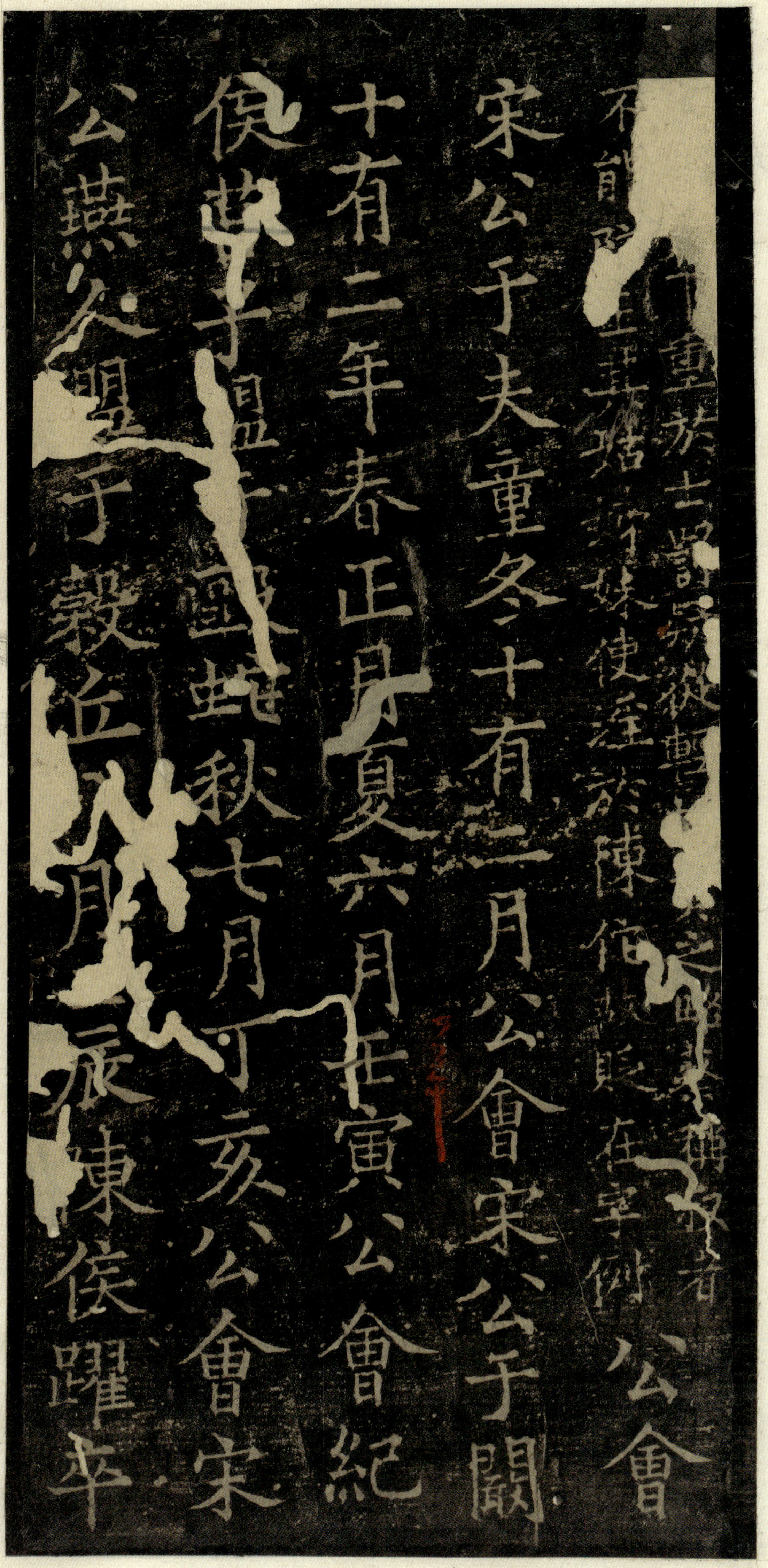

[illegible]重於土[illegible]詔[illegible]從專之略[illegible]稱[illegible]者不能[illegible][illegible]其[illegible][illegible]姑妹使逐於陳佗取賊在字例公會
宋公于夫童冬十有二月公會宋公于闞
十有二年春正月夏六月壬寅公會紀
侯莒子盟于毆蛇秋七月丁亥公會宋
公燕人盟于穀丘八月壬辰陳侯躍卒

不書葬者佗子也佗不稱[illegible]貶[illegible]名例不當絕故復去[illegible]公會宋公于郯冬十有一月公會宋公于龜丙戌公會鄭伯盟于武父丙戌衛侯晉卒不蒙上日者春秋獨晉書立記卒耳當蒙上日與不嫌異於篡例故復出日明同十有二月及鄭師伐宋丁未戰于宋戰不言伐此其言伐何

辟嫌也惡乎嫌嫌與鄭人戰也時客主名不出不言伐則
嫌內微者與鄭人戰於宋地故舉伐以明
之客不出主名者兵攻都城與郎同義此偏戰也
何以不言師敗績內不言戰言戰乃敗矣
十有三年春二月公會紀侯鄭伯己巳
及齊侯宋公衛侯燕人戰齊師宋師衛

師燕師敗績曷爲後日據鞌之戰先書日恃外也其恃外奈何得紀侯鄭伯然後能爲日也得紀侯鄭伯之助然後能結戰日以勝君子不掩人之功不蔽人之善故後日以明之內不言戰此其言戰何據公敗宋師于菅從外也從外諸侯相與戰例曷爲從外據戰于宋不從外言敗績恃外故從外也明當歸功於紀鄭故

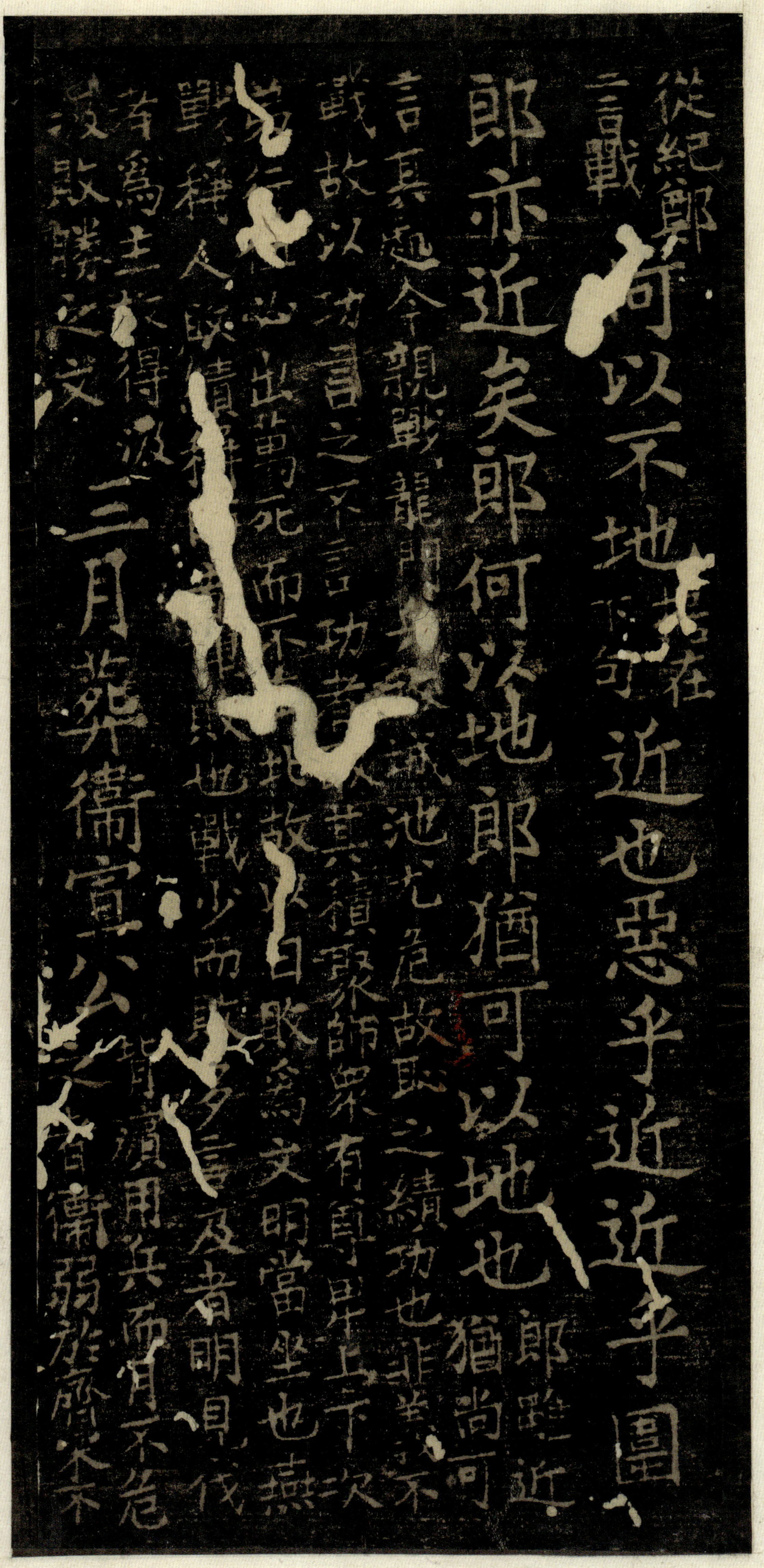
從紀鄭
言戰何以不地[illegible]在[illegible]近也惡乎近近乎圍[illegible]
郎亦近矣郎何以地郎猶可以地也郎雖近
猶尚可
言其[illegible]趣今親戰龍門[illegible]池尤危故取之績功也非義不
戰故以近言之不言功者[illegible]其積聚師衆有尊卑上下次
[illegible]必出當死而不[illegible]執故以自敗爲文明當坐也燕
戰稱人敗績[illegible]敗也戰少而敗多言及者明見伐
者爲主[illegible]得[illegible]三月葬衛宣公[illegible]皆須用兵而月不危
彼敗勝之文[illegible]皆衛弱旌齊宋不

從而有危亡量力不責也夏大水為龍門之戰[illegible]眾民悲苦之所致秋七月冬十月

十有四年春正月公會鄭伯于曹無冰何以書記異也周之正月夏之十一月法當堅冰無冰者溫也此夫人淫泆陰而陽行之所致

夏五鄭伯使其弟語來盟夏五者何無聞焉

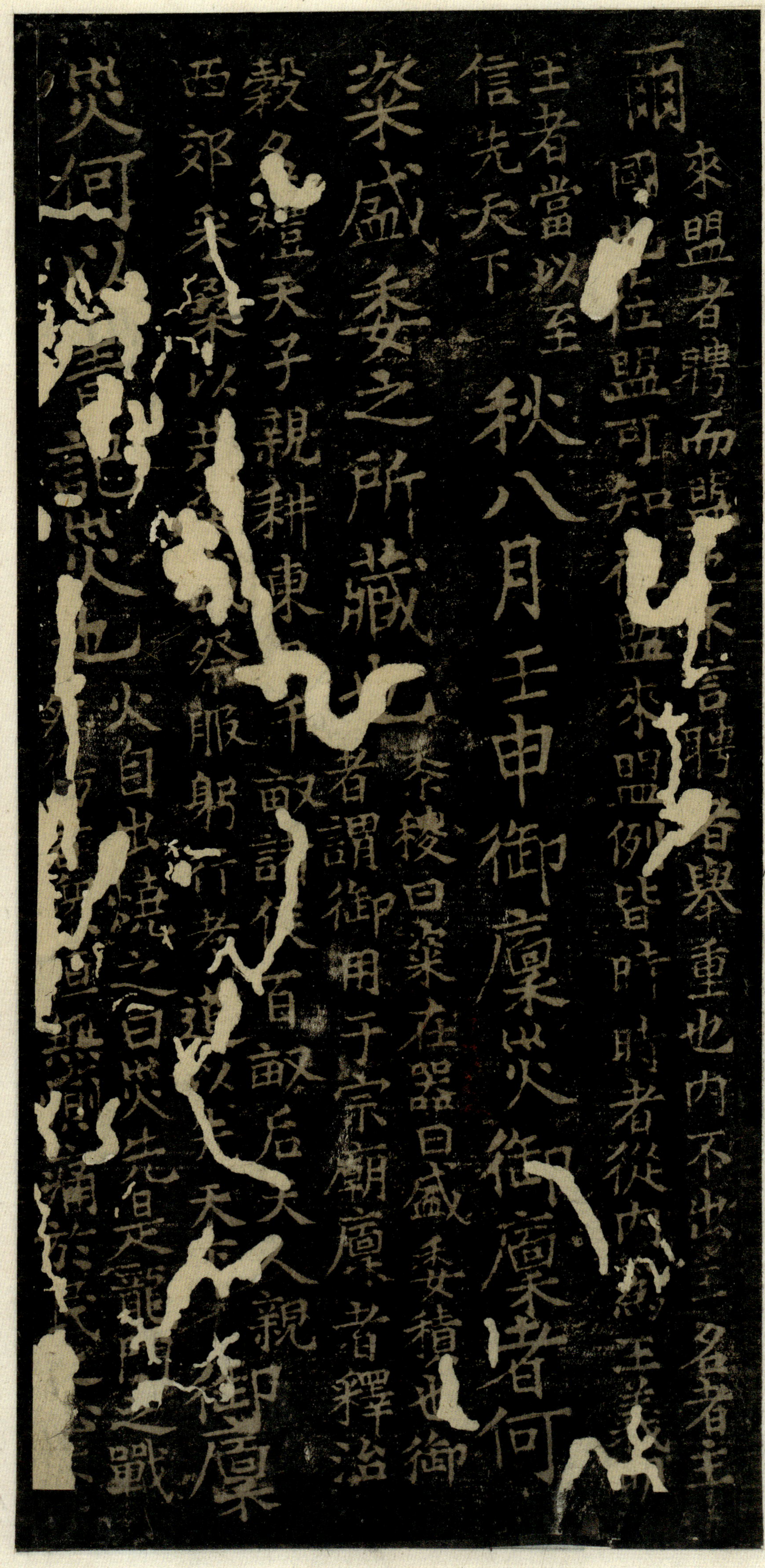
爾來盟者聘而盟也不言聘者舉重也內不出主名者主國也涖盟可知[illegible]盟來盟例皆時[illegible]者從內爲王義王者當以至信先天下

秋八月壬申御廩災御廩者何

粢盛委之所藏也黍稷曰粢在器曰盛委積也御者謂御用于宗廟廩者釋治穀名禮天子親耕東田千畝諸侯百畝后夫人親西郊采桑以共[illegible]祭服躬行孝道以先天下

御廩災何以書記災也火自出燒之曰災先是龍門之戰[illegible]

重宗廟[illegible]神不饗故天災御廩乙亥嘗常事不書
此何以書譏何譏爾譏嘗也譏新有御廩災而嘗之曰猶
嘗乎難曰四時之祭不可廢則無猶嘗之御廩災不如勿嘗而
已矣當廢一時祭自責以奉天災也知不以不時者書七十不當嘗也冬十有二月丁
巳齊侯祿父卒宋人以齊人衛人蔡人陳

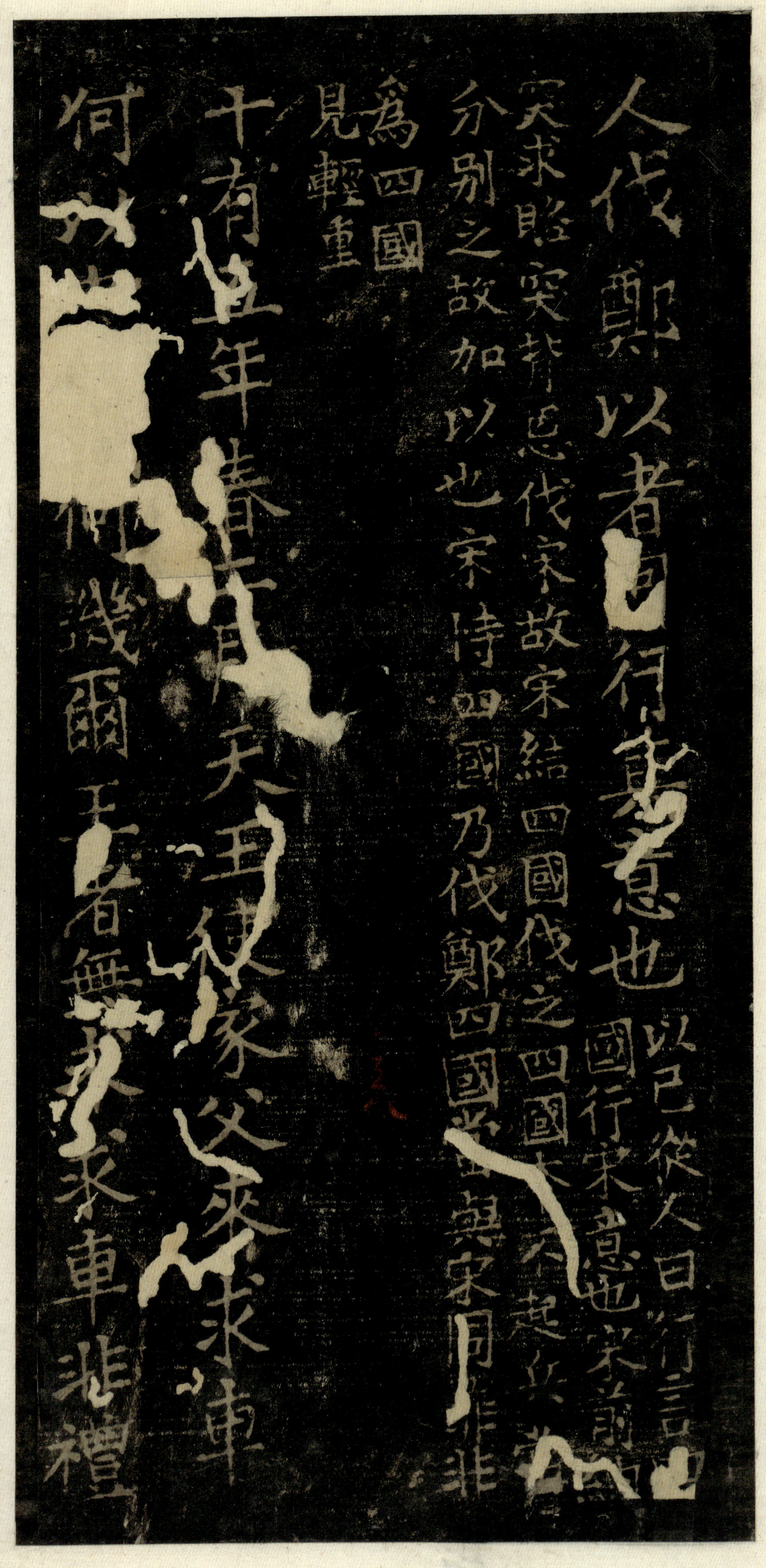

人伐鄭以者何行其意也以已從人曰行言四國行宋意也宋前
突求賂突背恩伐宋故宋結四國伐之四國大不起
分别之故加以也宋恃四國乃伐鄭四國與宋同非非
為四國
見輕重
十有五年春二月天王使家父來求車
何以書譏何譏爾王者無求求車非禮

也王者[illegible]以共[illegible]其職來貢足以尊[illegible]廉無為率先天下不當求求則諸侯貪大夫鄙[illegible]庶盜[illegible]時此月者桓行惡不能誅反從[illegible]之故獨[illegible]三月乙未天王崩桓王也夏四月己巳葬齊僖公當時而日者皆纂伐鄭危之

五月鄭伯突出奔蔡突何以名據衛侯出奔楚不名不連爵隱之者并問上也名今復名故使文相[illegible]奪正也明祭仲得出之故復於此名著其奪正不以[illegible]

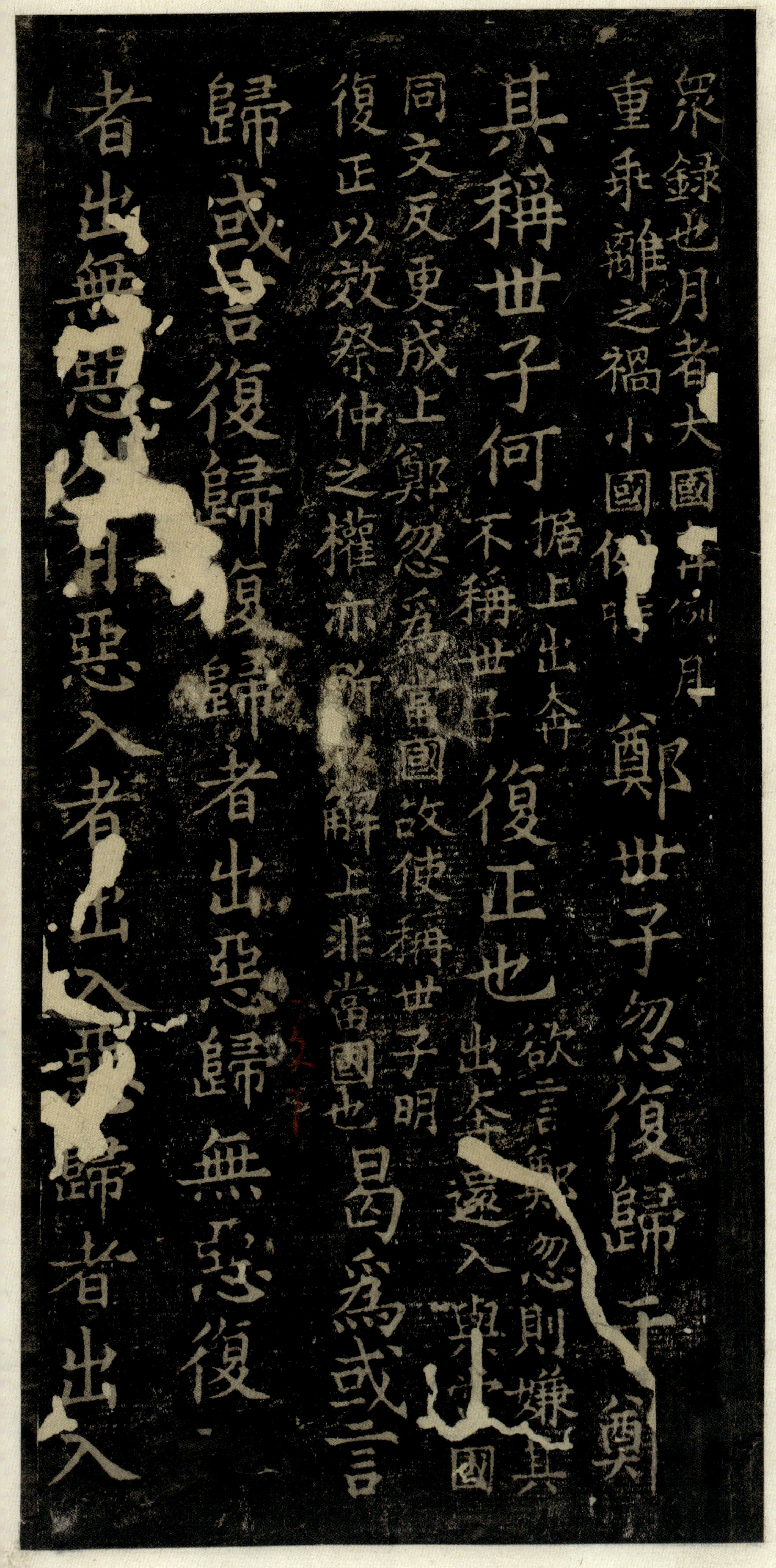

衆録也月者大國卒例月重乖離之禍小國例時鄭世子忽復歸于鄭其稱世子何據上出奔不稱世子復正也欲言鄭忽則嫌其出奔還入異國同文反更成上鄭忽爲當國故使稱世子明復正以效祭仲之權亦所以解上非當國也曷爲或言歸或言復歸復歸者出惡歸無惡復者出無惡入有惡入者出入惡歸者出入

入不應盜國
也不書出時公會齊
者略小國

右宋拓蜀石經春秋公羊傳并注殘本宋樞密直學士田況元均知成都時裒刻皇祐元年歲次己丑九月辛卯朔十五日乙巳工畢見玉海全書共六冊十二卷傳四萬四千七百三十八字注七萬七千三十七字見石刻鋪敘今存者起桓公六年至十五年止凡十九葉一百八十三行末三行殘缺不全傳一千五百三十二字半字五注三千五百七十三字半字五書內凡敬字殷字皆缺筆避宋諱以阮氏所刻宋本公羊注疏校之異者廿餘科大約與宋鄂州官本同如六年注不日不書葬者阮本

日誤月八年注天子之牲角握阮本握誤搔十一年注猶愈於國之亡阮本猶誤稱齊鄭立纂阮本立誤之本當言鄭突阮本當誤常外未能結助諸侯阮本助誤欵則與曹烁改伯從子辭同阮本春秋誤諸侯十三年注必出萬死而不奔北阮本北誤此明見伐者為主阮本伐誤我鄂本與此本皆同阮氏校勘記稱鄂本最為精美以此本互校益知宋刻可貴矣然元均所刻僅據當時善本已非太和之舊雖校寫精審終不及蜀刻周礼之能存古本也蜀石經亾於南宋之末故元明諸儒無

言及之者惟曹能始四川名勝志稱石經礼記有數段在合州賓館今亦無聞　國朝黃松石嘗得毛詩二南邶風兩卷厲樊榭全謝山丁龍泓諸人皆為賦詩後歸黃蕘圃又佚去周南十一篇及鵲巢序王述菴金石萃編記之甚詳惟於其異同處輒加訾議殊乖蓋闕之義陳芳林得左傳昭二十年殘文僅六百餘字後歸梁茝鄰錢竹汀嘗獲見兩本歎為衰年樂事此二本合共一萬一千六百八十二字宋紙裵界氈墨精良淳古可愛前後都無題識不知舊藏誰氏自宋迄今幾及千載歸

然不朽識之布世之珍也歲在橫艾困敦獲讀此本粗為攷訂復書冊尾以志慶幸云十有二月哉生霸青陽吴履敬弟式訓同識

咸豐壬子季冬代州馮志沂觀 王氏金石萃編云世所藏毛詩摹自武林王氏溥家石亡歸黃蕘圃跋者別有所據也

潘文敏謂蜀石經字體清謹，有貞觀遺風，南宋時猶存，諸儒引經證據，此本與小字本、岳珂本往往相合，而元明無徧之者，殆亡於嘉熙淳祐以後也。今得此周禮、公羊二書殘本，文雖不多，然窺見一斑，其有補於經學者豈少哉。

咸豐歲在壬子臘月既望，晉江陳慶鏞識

十一年注本當言鄭突，段版仍作攩當字；十三年注明見伐者爲王一，段版仍作伐字，段本當作當，伐作戮，疑別有所據

館再識

咸豐四年秋閏月初七日吳氏昆中出宋拓六
園禊石經寫本見示惜匆匆將南旋未暇考訂
一一題此誌別鄭白先識

石經攷異補下

晉江陳慶鏞頌南撰

孟蜀石經公羊殘碑

桓六年

淫乎蔡石經乎作于

七年

加之者辟寔國也石經寔作實

八年

薦尚韭卵石經卵作卯譌

故曰祠因以別死生石經作故曰祠國以別死生

薦尚麥魚石經同阮本魚作苗

始熟可礿石經作麥始熟可礿

殷人先求諸陽石經殷作殷缺筆下同

黷則不敬石經敬作敬缺筆下同

然後卒大夫也石經同阮本後作后

十年

近乎國也石經國作圍案注幾與圍無異則作圍為是

當戮力拒之石經戮作勠

十一年

稱愈於國之亡石經稱作猶案疏猶愈於國之亡也則

作猶是後有安天下之功石經同阮本後作后
宋不稱公者脅鄭之纂首惡當誅石經作宋不稱公者
脅鄭立纂首惡當誅
突當國本當言鄭突石經同阮本下當字作常按校勘
記云鄂本亦作當則當字為正
外未能結欵諸矦石經欵作助
則與諸矦改伯從子辭同石經作則與春秋改伯從子
辭同　蔡矦稱叔者石經無矦字　故後王起石經同
阮本後作后

十二年

與鄭人戰于宋地石經于作於

十三年

有尊卑上下次第行伍石經第作苐

必出萬死而不奔此故以自敗為名石經作不出萬死

而不奔北故以自敗為名案北屬上句讀

十四年

御廩災石經災作烖下同

十五年

小國例時也石經無也字

漢魏石經久闕佚一字三字終研討楷體之存孟蜀廣
政貞觀遺風尚未渺法家集爲精確評紫陽法經
借集考嘗時十國諸儒勤鳩者秘冊亡一歸至
氏獨能擅文學蒼款疆域美完好能門毋相思
閩議蕭遂法者鋟梨寒更柔雜者集經本至毋
勤石勤者遂紹精遺寫成精字體張孫周白璽之
法傳俱備十經文皇祐初年郭北了田席補鐫不

遠考鼎彝續筆玉明朦朧恍氏更收焦跡石益可學
官崇垣緣欲儒稽左日搨南訂誨正句功祀小妥家
翰墨資臨茉子永與筆法囚姊妝宗元末季羅表院
遂出寶物邊烽燧石玄書氏考明末代表已嗟生
不畢合妒言俊羗埰石生贗橫糊諶分曉況後又
經三丁季銅鴕久飲埋芝卉孫生改訂抵遠向日
人苦好眠禍絕判更好古勤覓躡猴氏云帳絕辣

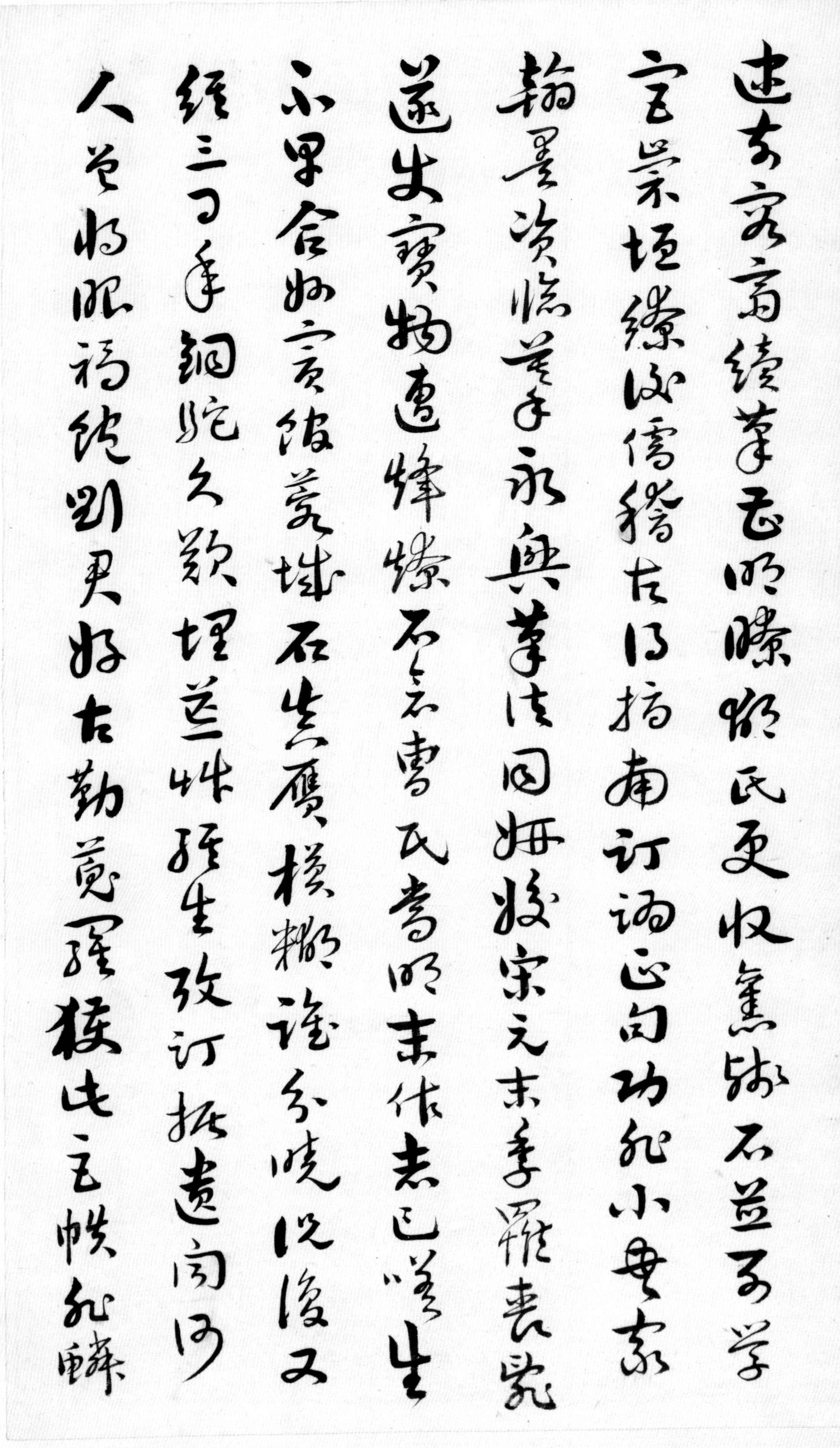

公羊春秋傳經周禮四經一篋秉志少經注收及五
葉字寫所見徵乾嘉老展轉求索經注叢鈔先後
得還尤巧　文莊掌故留蜀中君於此經更當寶
載法堂高燦　瓏璁　龍光綢疊蝸叢昊南宋重
刻石經文與君同此祝再造　宣統癸亥秋仲奉題
健之仁兄世大人所藏蜀石經　印可
友叔
柏臯弟葉爾愷

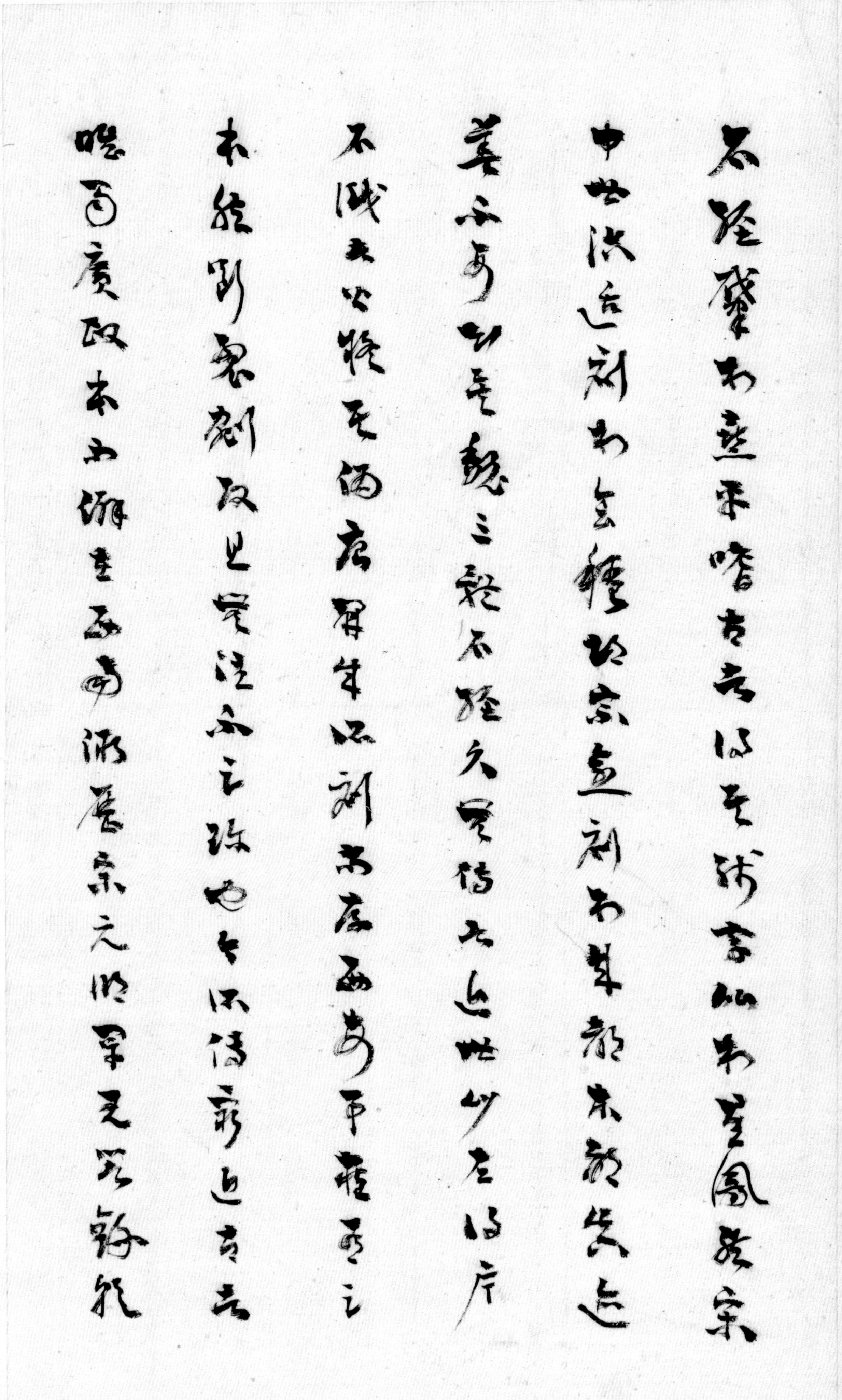

陰甲謙方林以左傳費恆不以毛詩顧青霞以周禮
讓以錯本於世之唯吉光片羽鐘鼎彝器之物觀之寬者付祖
敘一經者茲蔣而戴氏陳氏兩經經遂乎不足以比後
學以保存而已從之展轉求索以周禮穀梁左傳凡千
若夫而整齊存先生之流寄更錄之於此以示來者之所述而
本所見於一鱗一爪而不足以大而從之以之以見石經三面

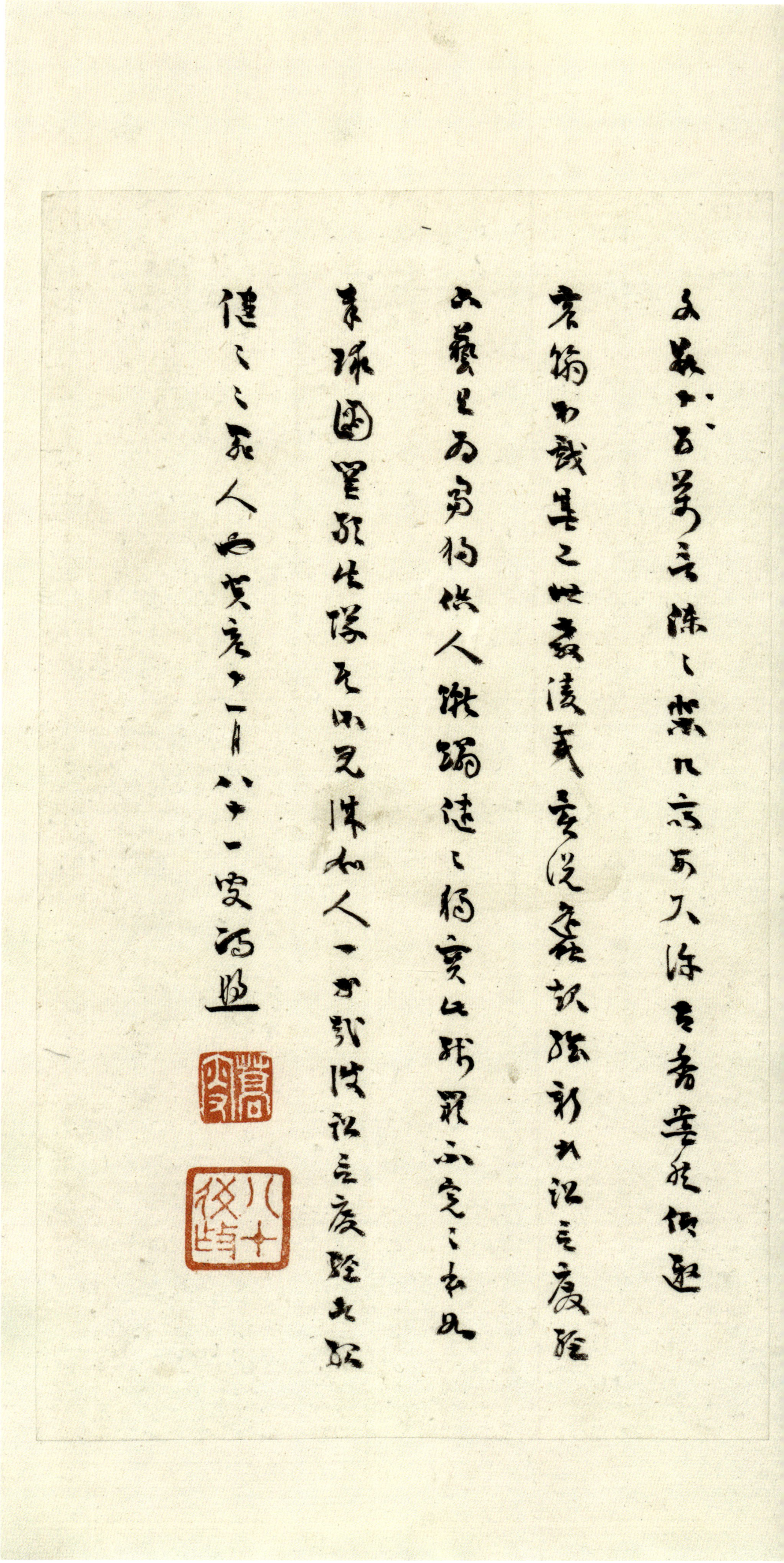

往於亡友李亦元處見蜀石經
拓本古香襲人至可愛玩近已
歸　健之七兄齋中　健之
又續搜得若干種裝成巨帙延津
會合良非偶然今熹平石經既不

而得見頃聞河南新出土之魏三
體石經其字體又多兼六書殊無足
觀自不能不推此爲希世之寶矣

癸亥十月鄭沅識

壬子仲冬觀于健之蜀石經齋人間孤本見所未見真幸福也鄭蘇老人時年七十有四

孟蜀石經歌

甲子正月之人日陳子卧病敲藥鑪故人葉公陽万
里隔十餘稔得其書推枕起讀元襍語但宗詩句
煇經會云有劉君健之者上承絕學称通儒青
藜閣上富緗帙插架何止三萬餘就中石經尤典重
迺是孟蜀鐫珉砆當年十經並入石歷宋元明

半論胥迄今拓殘祇四種春秋三傳周禮俱劉
漢李唐兩石刻有經无注廢荒蕪是編經注罔
不備近五万字坐明珠世間瓌寶那有此自
應光燄淩石渠劉君眘古固无比又弔陵谷
增欷歔謂此与人同孑遺書城相伴德不孤
何況物希乃益貴魯墳汲冢珎相符一時新

貴別有好視等棄物非其帚惟求遺老共
欣賞要留筆蹟題楊纂葉公与家爲舊史
今更同爲山澤臞相約作歌附蜀末病榻
吐氣長虹舒御憶蜀宮花蘂語四十万甲
誰眉賢斯文能永孟氏譽屹如天府雄
成都敬如表章六經事體大淵雲辭

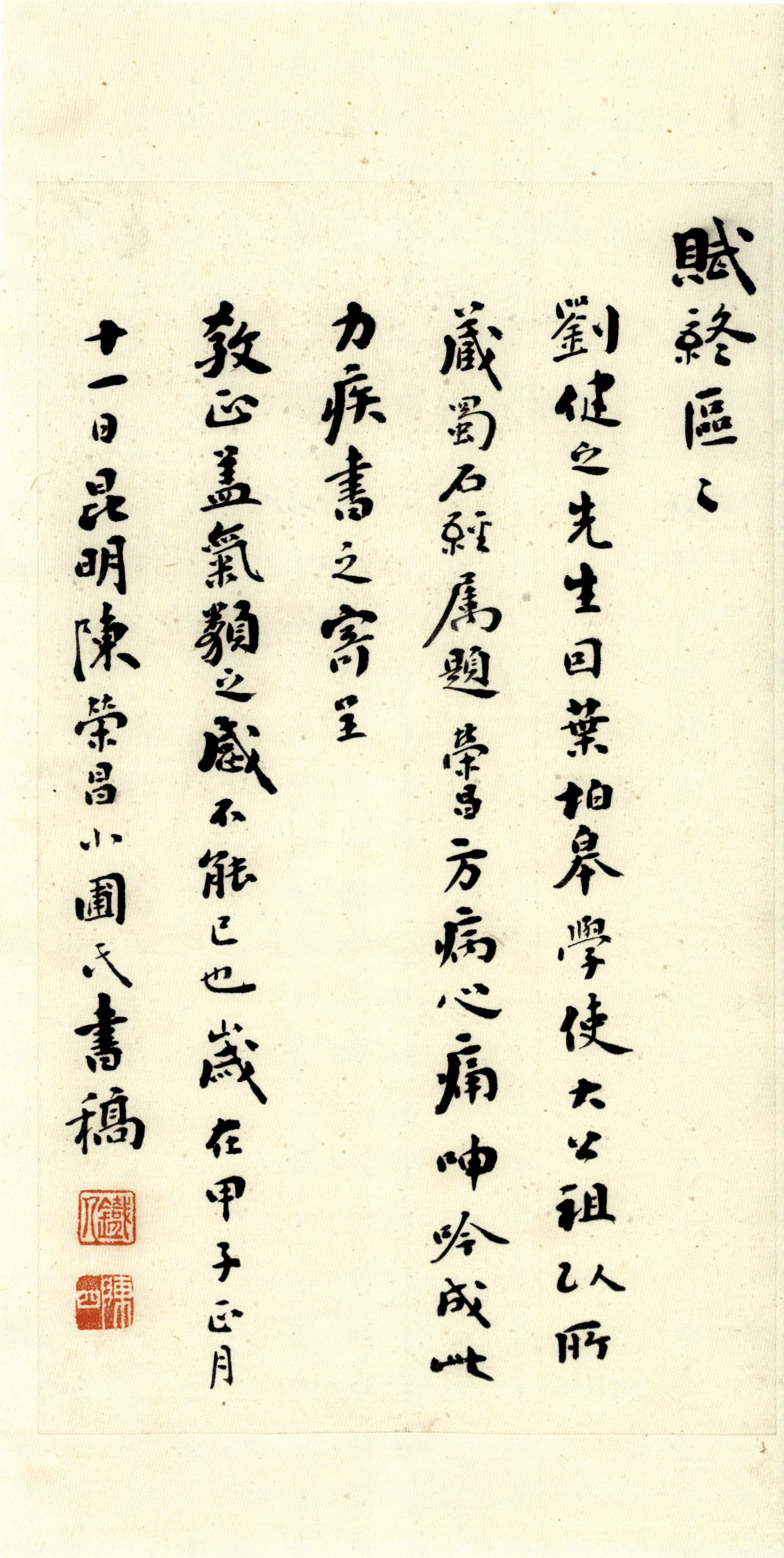

賦終區區
劉健之先生因葉柏皋學使大公祖以所
藏蜀石經屬題　榮昌方病心痛呻吟成此
力疾書之寄呈
教正蓋氣類之感不能已也歲在甲子正月
十一日昆明陳榮昌小圃氏書稿

廬江劉健之觀察既得蜀石經孤本周禮卷九卷十
共七十五葉半卷十二之二十二葉又左傳卷十五共五十三葉
半卷二十之三十五行又公羊卷二十之九葉又穀梁卷九
之二葉我同年絅齋書來屬為題記然年來頗見
新出土之漢石經殘字魏三體石經數百字斷石而於
蜀石經先見陳雪峯景刊本外得借讀上虞羅叔言參
事所藏穀梁卷六之首五行此五行從　內閣大庫殘

紙中檢出首行為春秋穀梁傳文公第六九字次行為范甯集解四字經文自元年起會葬止注文自繼正起繼弑止与紹熙本無異同上有東宮書府四字印長白某氏藏穀梁成公第八之三十五行則亦寓目一過同時出內庫者也叢從貴池劉蔥石所得觀汴宋石經全帙自矜眼福蜀石經自宋人著錄後最近惟楊用脩謂蜀刻九經最為精確似曾見全本以後藏家皆不言其詳蓋散佚者久矣

逮之乃於斯文將喪之秋多方蒐集得經注都四五萬之尊經好古之心至可欽者所恨旅泊津橋未及啓篋請觀有所聞悟也頃有一事足為同好告者昆以或謂孟蜀石經公穀二傳皇祐中田況補刻況傳至宋史今本無官成都事余則從元刊本補出況傳脫文一葉計四百字南監本殿本均脫盧抱經先生曾據元本補孝宗紀一葉入羣書拾補此四百字中正載況由渭州知成都府事此

則有裨於談羅不故事者以諗絅齋書為一快不見
健之十條年無當六家我拾遺補藝雅有同心也
歲在甲子二月朔日長洲章鈺在聽鸝館舍寫記

蜀石經存於世者祇此數册皆歸
健之老弟齋中出以相示見所未見眼福無量册中有朱古微宗伯
駱公驌殿撰題詠因憶光緒戊戌京師初立大學堂當時同事二十人
今惟李柳溪夏閏枝瑞景蘇仍居北京駱公驌返成都田少白寓蘇州
予與　健之古微辟地海隅存者僅八人耳滄海横流長夜待旦莘莘
學子羣起廢經不徒有傷離歎逝之悲亦殊深守闕拾遺之望也

甲子元旦立春後十日望江无悶道人余誠格識

海内文章有定評名篇妙蹟盡瑶瓊一經
遺子吾何敢慙媿人家金滿籯
憶昔趨庭蜀郡年國恩家慶日中天滄桑
變後江湖老猶對殘編一泫然
辛亥至今乞知交題詠得四十二人
燈下展覽卒題二絶句于後
甲子二月十七日劉體乾

健之健者才淵閎經々緯々史言鏗々體用兼備非書生
能以經術致太平　文莊治蜀流循聲甘棠召伯時循
行口碑翕然樹錦城名臣之後有典型高齋牓曰蜀石
經周礼經注二萬盈雍士匠人別渭涇春秋三傳瓊玉
英合璧有如日月星公穀殘葉猶風萍趙宋補刻垂汗
青名從主人判重輕巨冊麟炳宏漢京姬公制作配左
盲翁王馮僞全錢丁前賢攷證閉户精今觀原拓天日
晶行款未改尺寸贏我聞蜀臬劉燕庭嗜古昕夕搜榛
荆竹汀日記箒鐙評脩城得瑤耀目睛什邡令長智挈
[illegible]

靈方今茫内如沸羹六經大義墜地傾厭薄周孔儒蝨
蝨高譚禪讓賡韶韺蝸角蠻觸終歲爭蒼赤枕席不得
寧太學石鼓蔓艸縈野無弦誦喧鐃鉦持較孟蜀顏為
賴昔者少陵雲秋觀察引巨觥我与　健之交忘形興酣譚
蔌酌酥醴駒陰飛馳若迅霆感逝懷舊鐙熒熒小詩撞
測懸蠡莛

附注　劉燕庭有手批錢竹汀日記自述為蜀臬時聞乾隆四十四年制軍福康安修成都城升祈令任思仁得蜀石經數十片於土壕中字尚完好當時據為己有未肯留置學宮為可惜也任令貴州人罷官後原石挈歸黔中矣余訪求竟無所見云云　右見越縵堂孟學齋日記

健之先生命題　甲子仲春師鄭弟孫雄

錦江玉壘朝廷小聖典刊碑布鴻藻圖書收
後國郎壞殘石千年見瑰寶劉侯集古慕
歐陽三箧遺書等未亡四萬六千四百字
委蛇雲布星舒光熹平寫經更魏晉唐
壁宋宮繼刊正鴻都千乘事空傳歷代
瑶章亦灰燼風行雨散剩斯碑靈物冥冥
之護持一邦之妙一代絕文雖斷爛書矜

奇歸然海内成孤本相伴蕭齋娱歲晚
貫月人知來畫船映星時謂任經苑棐几巾
箱含遠馨藝揚風雅著丹青補亡起廢他
年事更號先生劉石經（魏書劉芳理義精通時人多往詢訪石經文字號爲劉石經）
健之七兄屬題蜀石經齋圖
甲子三月吳學廉初草

孟蜀石經北宋拓本傳世者有毛詩周官左傳公羊穀梁五經遞藏於黄松石趙谷林趙意林陳芳林楊幼雲陳頌南吳子苾丁迪昆季張氏憲李氏元諸家今周官左傳公穀皆歸　劉健之觀察惟毛詩黄本及周官第八卷趙晉齋本未識拓佚陳雪峯有毛詩景刊本後有石印周官晉然向曾景刊竟見癸亥内閣庫書叢殘八千袋流出吾友羅叔言參事以巨資獲得中有穀

梁卷五首半葉長白震明允德出獲穀梁
殘拓三十五行孟蜀石經拓本留存於今者
廑此宋錄謂五代之說異矣孟氏父子據有西
蜀乃能崇尚儒術刊刻經典功雖未竟亦將
片石寸楮至今珍等球琳以餘之傳雖非寫刻
而視則實自蜀碑之甚可稱許珍重陳刊毛
詩二卷以校石本開成左傳行列向和字體殊
珍小葉綱且有殘漏本得此本得知欸武不刻

并此不得而睹矣方今世家孔巠祁孫陵黃耆年
學子廣經石證一二者古之士奇藏典籍惟宋槧
元和吳愙齋於經學為陽一屋觀察撫遼石雲
植而壽九經置諸成都錦江書院石室舊址
甚盛也光緒辛巳季與常崇刻石經殘跋後
於成都頻年蒐集數種擬刊為一集此冊題
識殘段不下百余爲希石經集成二集之一况有
宸翰御書尤為他石經亦未有往時留為貴

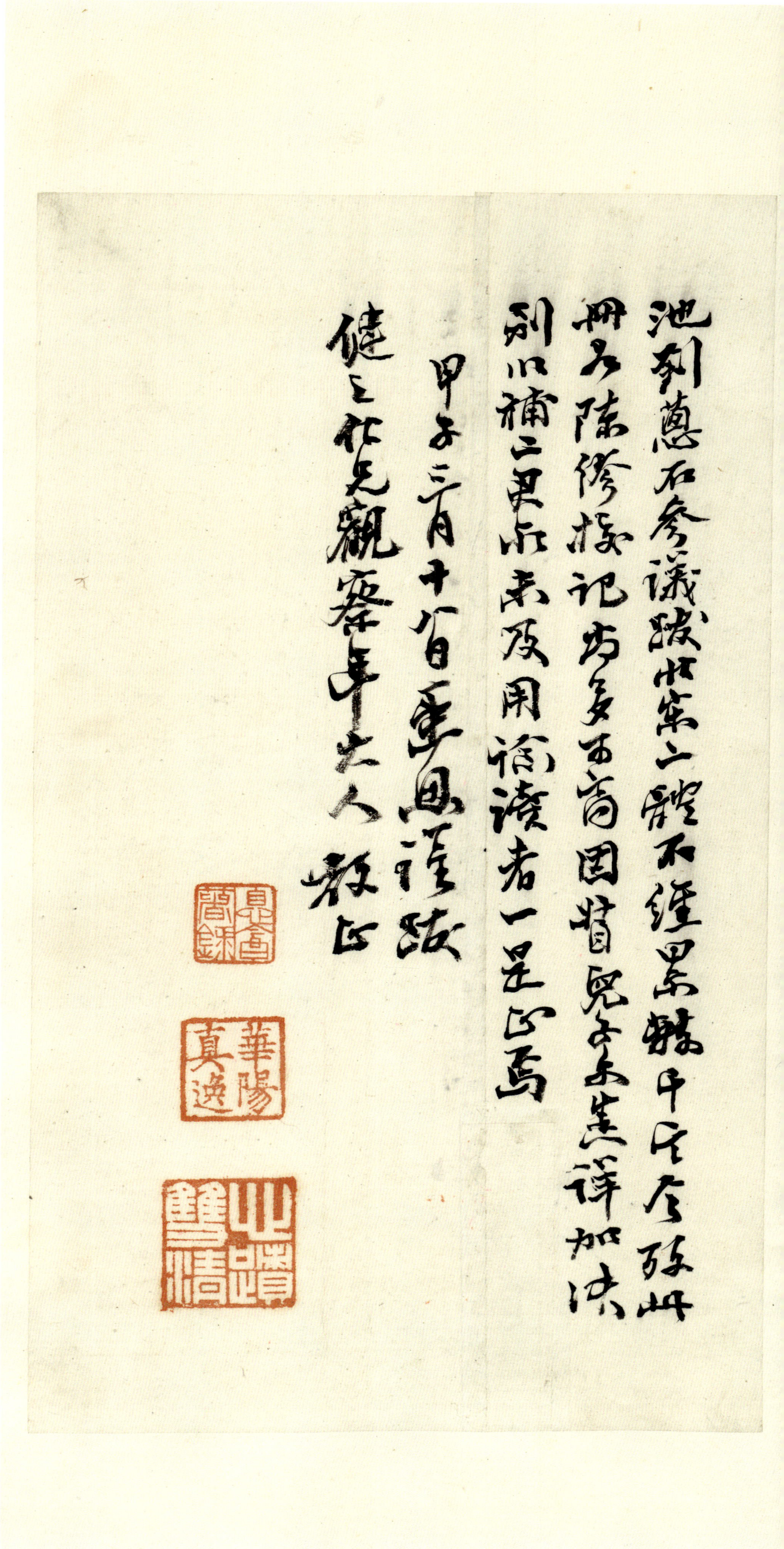
池列蕙石參議跋此策二體不經累轉千户本改此
冊爲陳修撰記出多西高因謂兒子長崖詳加校
別以補二君所未及用俟讀者一是正焉
甲子三月十八日重四謹跋
健之仁兄觀察年大人教正

廣政成都鐫十經訖今十六甬甲零（自廣政元年戊戌至今歲甲子歷十六甬甲又廿六載）
凋蠹朙叢餘蠹幾牽抒太和舊篹聖　劉
侯裒斠彙爲一（皆名咸一二今皆錄劉君許）上邀　乙覽徹
帝廷（劉君嘗呈御覽）
宸翰引書邁籀史斯篆奚止
渭與涇（今上以大篆引書孟蜀石經四字於首）奉歸海壖弃石室上射斗牛光
晶熒歷級不礦勘收鼓呵護設定有鬼神靈（劉君言壯湘遭辛亥之亂）
侍（屢摸石經而作）　親過從獲瞻卬閱匡照攫眼爲青皆闌
合州可徵禮遺蹤湮沒塵耳聆（曹佺蜀中名勝記云合州賓館有礼記殘石數段傳聞如此不可蹤迹）

熹平正始今復見，古篆分隸判畦町。開成蘇然對碑藪，蜀本唯抒此片翎（蜀石經流傳只此，松石所弃毛詩後歸程楊；南邨豬窪之亂，南邨就義，殆同餘浩劫）。籀經（陳頌南侍御石經攷異）藝風（繆筱珊參議蜀石經校記）勤伐證，亘論蠶殊極與蓬潛年。研疑季重蜀寫（竹汀謂諸經皆蜀寫，唯卷帙有多寡，故成功有先後；石刻鋪敘所云未碻，不然僅存十三卷，何至遷延八十餘年）澗蘋誤等金石銘（顧千里謂石經為金石家所重，於經學無裨益，識者多謂澗蘋失言）。柳東未及志公穀（馮柳東石經補攷蜀經無公穀二傳），瑣麓迭奏啟祕扃（吳子肅子迴昆季曾成周官攷工及公羊兩經具跋，頗足伐證譌誤）。蘇龕長謌十年思（蘇龕原均有十年思之今始見之句），木夫和均水潙辯（段懋堂為陳芳林請瞿木夫賦詩，木夫即追步蘇龕均）。琳琅滿冊眩矑目，煬燿畜煌邈日曐（劉君自荷天章殊寵復

徵海內耆舊題詠貽編 吾鄉已燹隻字牘殘我重摹鐫崏崟
石室遺址今尚在往歲劉君曾語嚴親擬函諮景照就景本刊石于成都錦江書院文翁石室故址也向覓之
言歡我胼讀畢掩卷長嘆息新月眇眇映疏櫺
宣統十有六年歲在甲子三月丁卯望追步
蘇盦學士均為
健之世丈題所藏孟蜀石經拓本後即乞
教正　華陽王文燾初艸

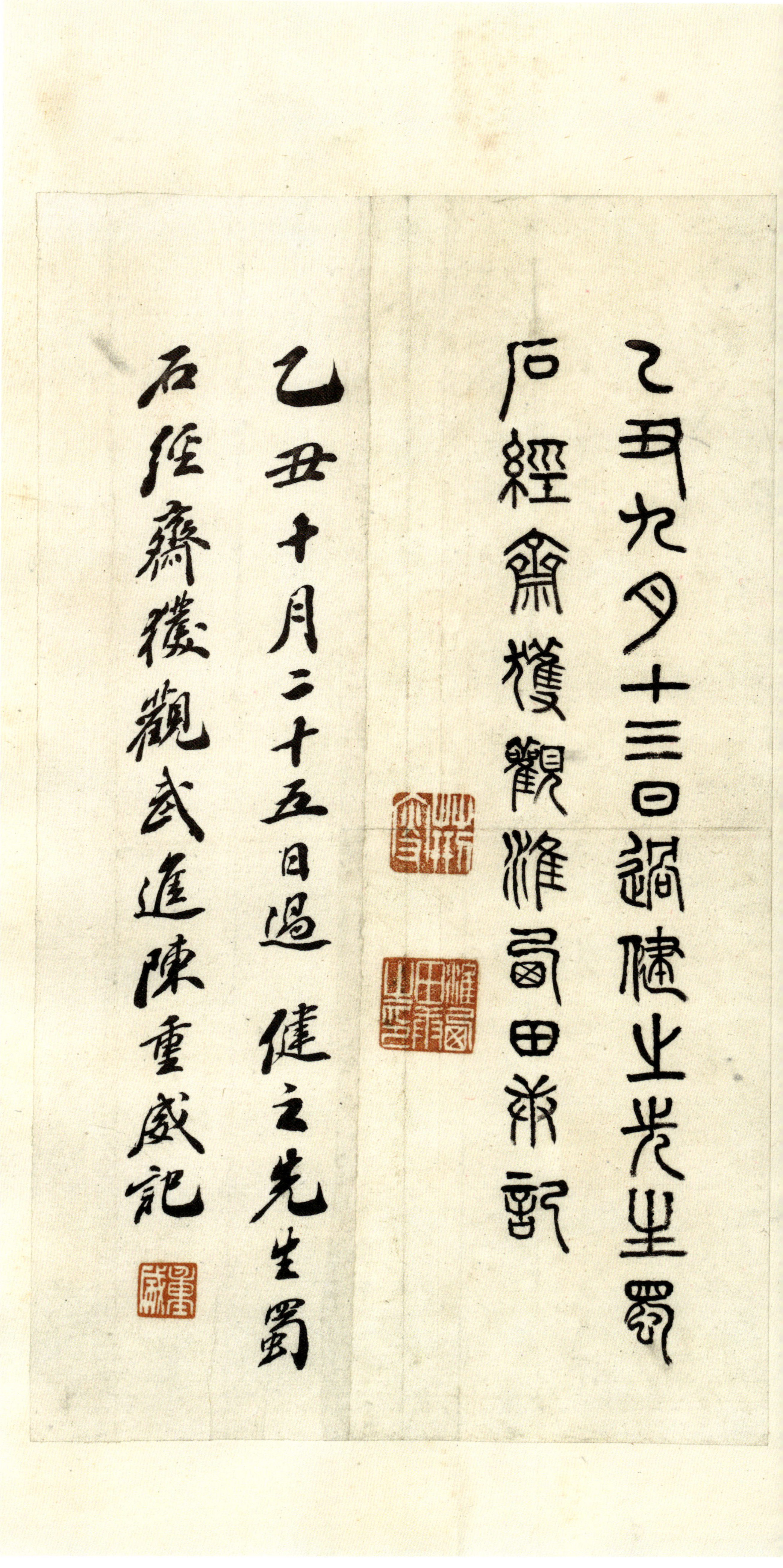

乙丑九月十三日過健之先生蜀石經齋獲觀淮南田叔記

乙丑十月二十五日過健之先生蜀石經齋獲觀武進陳重威記

奉題蜀石經齋圖即呈

健之道兄教正

文從三體續開成碑拓殘唐踵漢

京却問談詩杭董浦煩將蜀刻補

昭明

石室遺經古已顛漆書經亂首重回

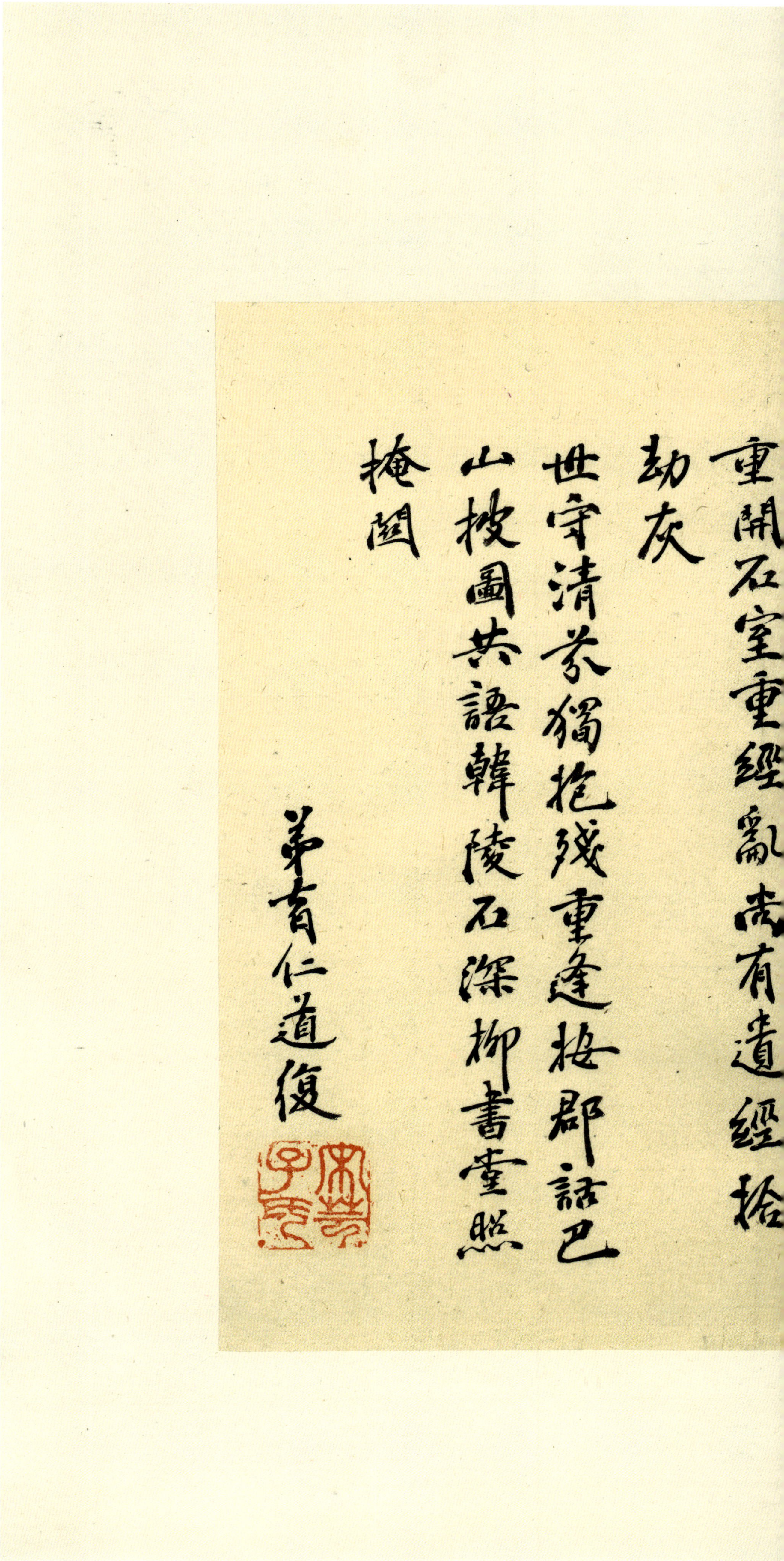
重開石室重經亂尚有遺經拾
劫灰
世守清芬獨抱殘重逢梅郡話巴
山披圖共語韓陵石深柳書堂照
掩閲
弟育仁道復

題劉健之世兄蜀石經

勒石毋昭裔擇毫張紹文憫經遭

五厄傳與重三墳蠹簡無秦篆鴻都

有漢分體摹貞觀峻本寫太和勒

家藏毛詩卷扁安孟蜀君干戈猶

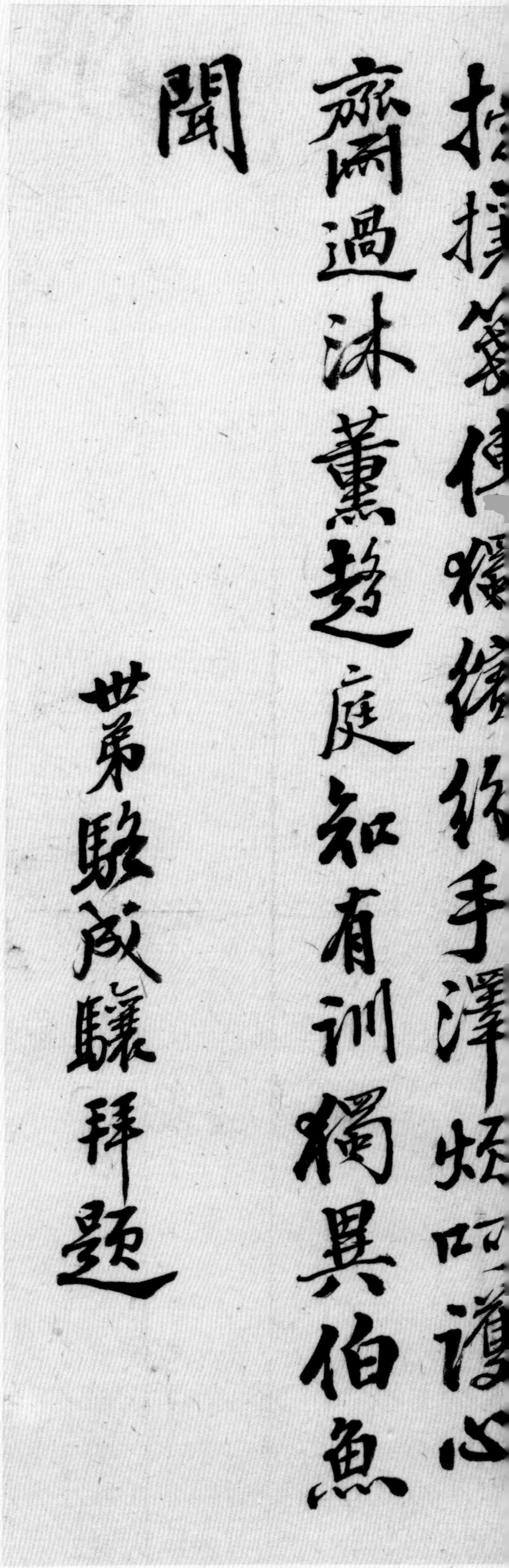
齋兩過沐薰趨庭知有訓獨異伯魚
聞
世弟駱成驤拜題

健之欽簽鑒：藏孟蜀石經搨本一，春秋三傳及周禮約四萬餘字，極精審，足資考證。欽簽寶貴之甚，所蓄碑版文字無逾此，謂世間少此本，雖不完具，萬金不易也。勤勤尊經，非近代金石家所可同日而語。談次索爲題識，倚裝賦四絶，録博一噱。

孟家瓌寶歐江山只有斯文星日懸浩
浩劫灰千百載零璣碎璧是韋編
志在春秋政在禮周孔精神澈古今彷彿
壁中絲竹意既無遺刻識公心
使君好古富搜羅價從兼金意弗多珍
重殘篇四萬字校勘能辨魯魚訛
餘沿頗嗤文俗吏衙齋坐對經為師甄明
徵尚知儒雅佇待豐官琢石鐫

宗弟尹昌齡未定草

鴻都石経久已亡八分筆勢傳中郎開成
監本今尚在字體又乖籀與倉嗚呼五代
極喪亂六経委棄同粃糠知祥雄據兩川
地文物爍然追李唐廣政刊経號善本模
丹入石鐫工良毋昭裔校豕魚誤張紹文
書龍鸞翔滄桑刼火経幾度消滅亦復隨
降王拓本流傳海内少重之不異璆琳琅
吾兄好古比歐趙居然六冊羅中箱可惜

毛詩輖飢本（詩惄如調飢蜀石本作輖即古朝字）人間無處尋茫茫
就中題跋誰最妙竹汀覃溪精且詳英雄割
據久寂寞尚餘文字傳芬芳况今兵戈正倥
傯吾儕飄轉棲橫塘誅茆未卜何日遂此齋
但付無何鄉何時昇平得重覩買田清穎開
茅堂硬黃矮紙恣摹寫讀書看畫消年光
健之七兄蜀石經齋圖屬題
體蕃拜稿

蜀石经齋記

石经肇於漢而復刻於魏於唐宋東漢石经絶跡久矣魏三體经立石洛陽遭亂移徙後或废為柱礎至宋時用搨本摹刻遺字已寥寥可數唐经原石尚存经後人磨竄失真不足貴重南北宋二體及御書石经亦稀見於世蜀石经者五季孟昶據蜀時所刻據雍都原本並及傳注世稱精審矣惜乎石既殘燬即搨本亦罕覯有清中葉見於著録者僅左傳穀毛詩梁傳周禮殘卷萬數千字迄今滄桑屢變幻存

亡不可知蓋珍物易散而難聚古今大抵然與吾鄉
劉都護健之先生嗜古若性命得蜀石经左傳周禮穀梁
傳數卷合計百有三八十餘葉視前人所藏者多可十倍
都護則大喜過望因闢齋庋藏徧徵題識去年夏在京師
謁 慶霖曰為我記之比返滬屢書來督文竊維自昔士大
夫論求文獻如寶扇樓夢硯齋甓盤亭之類不過翰墨器
皿猶且極意點綴以誇示來許況蜀石经關於學術隆替
尤非尋常古物所可較量聲價者乎宜乎 都護之兢兢

也。慶霖謭陋，於蜀石经文字不足以資攷訂，獨念孟氏當五代分崩之際，割據東西川，昶席其父知祥遺緒，讀書能文學，而是時中原鼎沸，朝士避亂遠依藩鎮者踵相躡，蜀又憑恃險阻，不被兵革，故得以其暇招致儁彥，相與討論篇章，潤色鴻業。以今日方州連帥，日尋干戈，癰潰魚爛，萬方一概，二三文士皆徙無所託，如孟氏閉閡休息，崇尚儒雅，優游以成述作之功，卒邈不可及。獅護以蜀石经名齋，毋亦特寄慨慕之思乎？天運循環，世往不復，五代晦盲

極矣而孟氏修明经術於一隅之内其後有宋一代文化
渟與已萌芽於此今者人心陷溺唾棄经訓有同糞土
都護搜集蜀石经於散滅之餘其淂坐擁巨帙殆非偶然
者　都護
尊甫文莊公以淮軍名帥晚鎮蜀重文治武功照耀邊圉
十數年前　都護亦嘗持節使蜀仍世有造於此土故蜀
中古籍不歸他人而歸　都護冥漠中若或相之　都護
又能盡表章之責一旦有命世者起投戈息馬重道求書

都護出其所有於以利善本頒學官莘莘學子遵用程式

且蜀石經者孟氏校刻於前　都護綢羅於後皆時當極

究天其或者將開昌明之運特以此為蒙泉剝果而徐卜

蘖生焉然則是齋也不獨裒然珍冊士林稱羨吾知

都護把卷誦吟螢窗者當見文光透露於戶牖間有以破

陰霾而一曙也

共和行政十有五年歲在丙寅夏合肥龔慶寀記

蜀石經齋歌爲
健之賦
藝林不朽事有兩誰知皆出降王長澄清祖本帖
如聞大字刻書蜀是昉文翁從此能有靈竹帛不
蛀翳榛蕪追尋源委祭先河二主風流左自天壤其
時蜀主尤于人猶爲儒生正趣嚮開山餘石得五丁
鐫取十經發尋丈祖憐猶甲少男兒不与斯文正
龍象移來皇祐知畢工田席覓遺訪能仿陵遷

石毀不可求下逮元明絶聲響抱殘首見陳芳林
餘子零縑競於貴大成雖得集劉侯海內斯編殊
羅網五行僅鼓收穀梁數編存亡如示掌侯君節度
東西川坡荒經行記曉曩摩訶池畔月華明花
蘂梅龍影又上躍裝長物費一錢晚獲此經似酬
獎春秋三傳不束閣夜夜神光耀朝流徒驚觀者
滿東家安得全經寫南蔣女為石室同峥嶸揭子墨池試
臨倣寫無以寄問廬江金石人家認題楊　趙椿年

白鶴化白龜孟蜀遂稱帝盡力祗兩袋
已見朝天髻割據不足言風雅未全替
吁嗟五代時釁舍草蒙翳兔葵伴燕麥
六合悲獸睇私財助公帑乃有毋昭裔
雍都得舊本石印傳美製刀筆集眾
工書法張周藝淵與世民字缺畫看
體勢書人不題名左傳亂其例乃知唐

澤深異代尚流涕深泉舊冰句麥秀
黍離際踈狂笑霸豎猶憶太原衛嗣
君營爨宮宰輔尚典制初學六帖刻鏤
板九經繼五代去今日屈指將千年召主
收贖後石經亦不全達積晁氏志散落隨
風煙何況熹平石久矣淪深淵開成石〻
經〻段唐字三體效魏鐫蓬萊有舊閣

錦里徒新篇，俗目眩贋鼎。精甄知古錢，健之今逸民。鑒别有深識，龍眠賞真寶。虎卧愛抄筆，孟蜀殘搨留。藏此石經刻，搜羅十餘載。孰娩强毅力，延津劍合有時。誰謂劍無翼，位置鄴架中。雲氣蔭古墨，宸翰寵留題。書齋喜生色，我從亂離

後睹此翻太息雷峯塔已倒金臺事
空憶經荒斯道晦陽題則陰匿安
得傳經人庶解天下惑

題孟蜀石經殘搨海內孤本呈
健之仁兄先生兩正
丁卯春日張其淦時年六十九

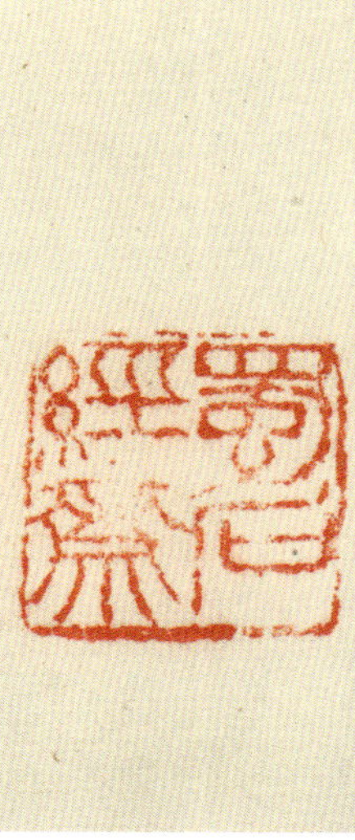

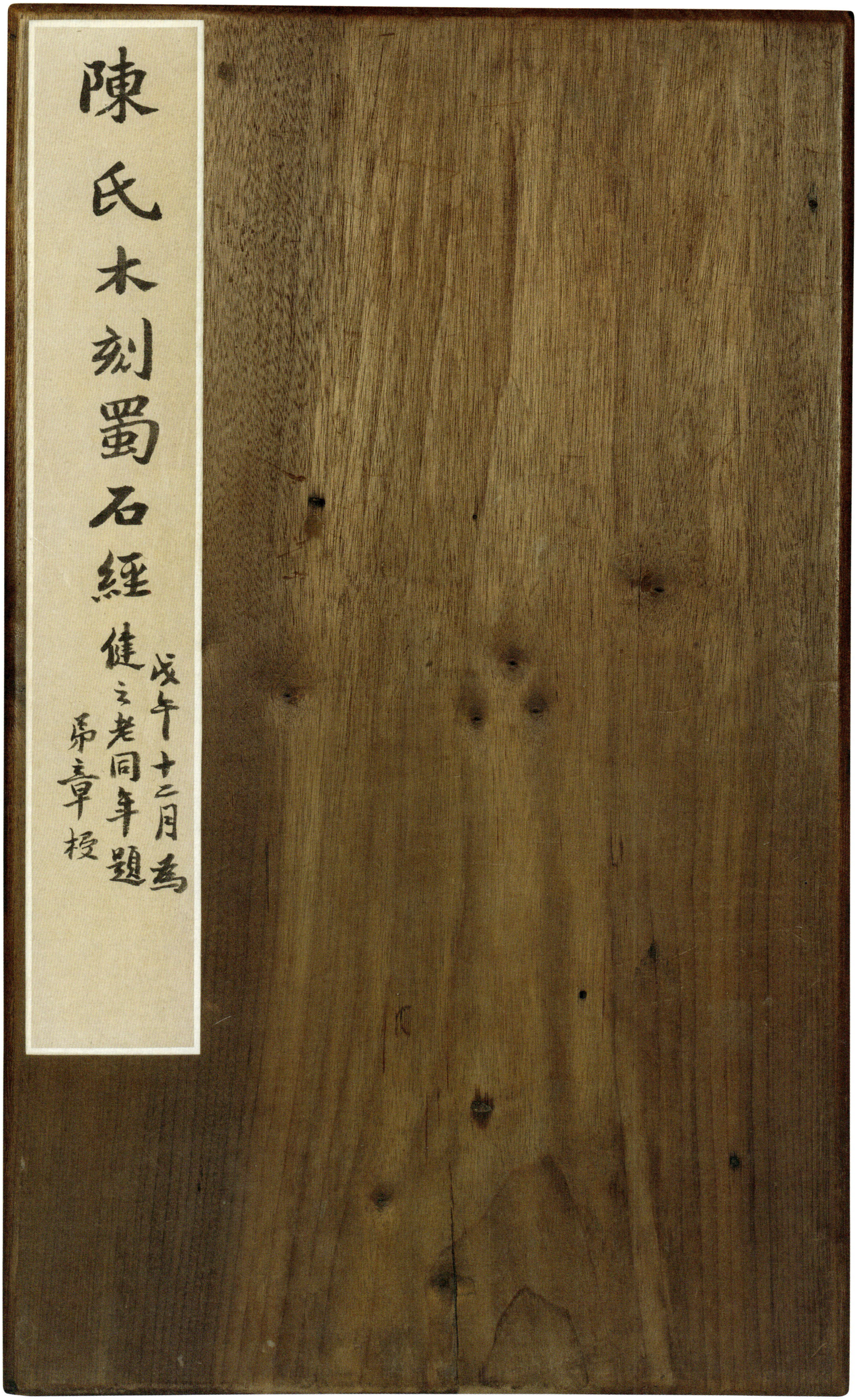
陳氏木刻蜀石經
戊午十二月為健之老同年題
弟章梫

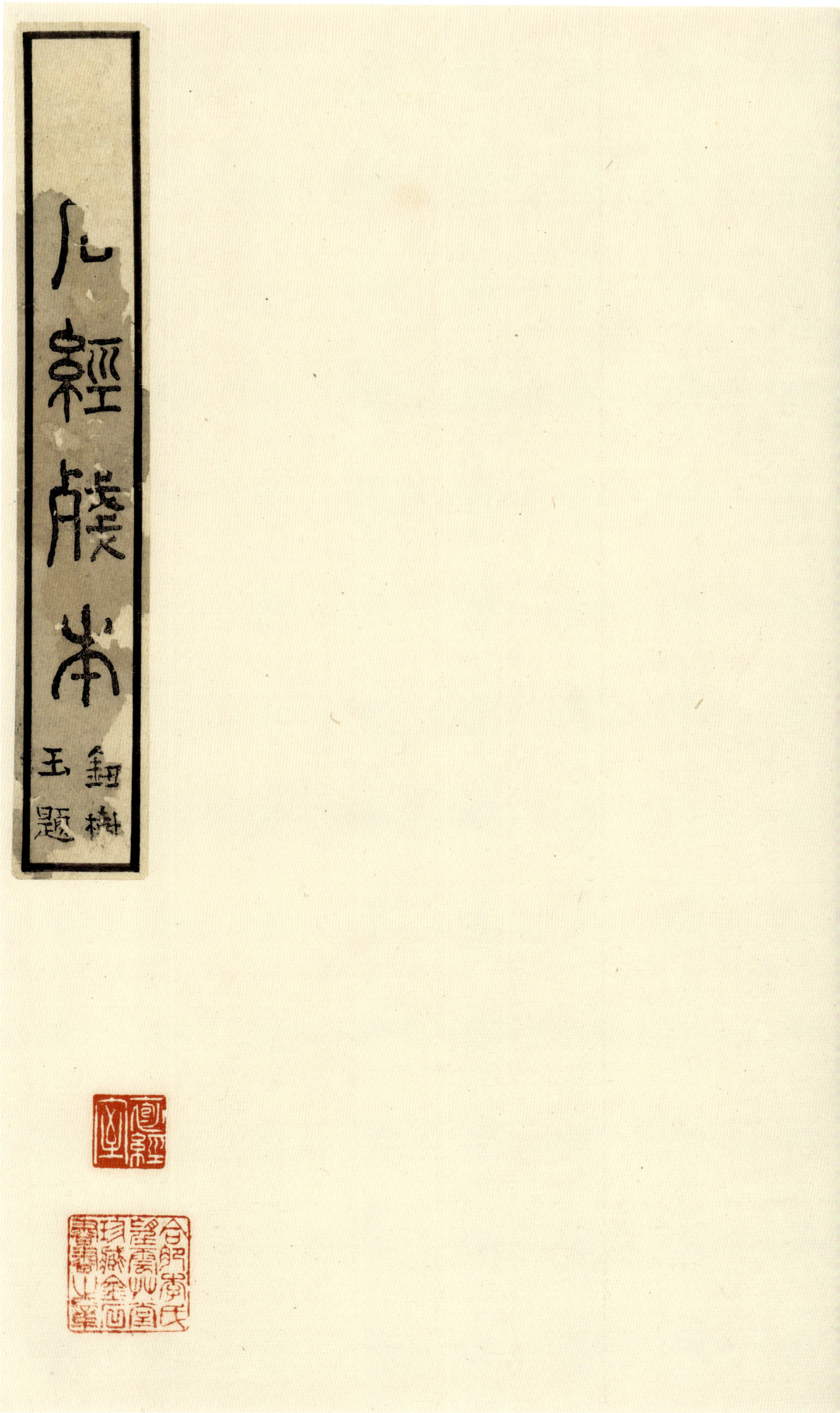
心經牋本
鈕樹玉題

蜀石經殘字

陶山唐仲冕

題於壽星橋

道光六年三山陳
氏重刊行

漢唐石經皆無復惟孟蜀有專
此毛詩是也今
雪峰陳君倩寫欲刻之可謂好
古矣此外又有左傳著録於嘉定
錢先生跋尾予向日皆嘗寓目但
竊以篇帙甚異因未能謄於

板本在金石家乃以罕而見珍
於經學轉少所裨益焉請
大雅未審以為然否道光乙酉八
月七日元和顧千里觀於邗江寓
館并書

段氏經韻樓集跋言錢塘張賓鶴親見杭郡黄松石蜀石經毛詩全部近不可得矣攷乾隆初　武英殿刊經注疏校毛詩諸臣引蜀石經自周南至邶風静女凡四十一條當時所見尚有周南全氏鮚埼亭集跋仁和趙徵士谷林所

得亦自周南至邶風以調飢爲輖飢與厲
樊榭詩集所載合意周南一卷暨召南
首頁世間藏書家必尚有存者異好
古君子廣搜以補其缺焉　道光八年
七月漢鄭大司農生日三山陳宗彝又記
於馮晉魚舍人欣園之漢經堂中

重刊蜀石經殘本敘

蜀石經毛詩殘本迺陽城張古餘先生從吳門黄蕘圃主政景鈔者今春二兒宗彝謀刊以傳幷從善化唐陶山先生訪得家樹華所藏左傳殘字附刊於後兹刊成請予敘之據二兒細校石本經如日月篇乃如人之兮不以我能慉又昔育恐鞫傳如草蟲

萹阜螽蠜螽也采蘋萹藻聚藻也下沉曰蘋浮曰藻羔羊萹素絲以黃裘箋如采蘋萹蘋之言實行露萹不以角乃以味野有死麕萹帨音稅也終風萹然而已不能得而止之脫不能下右字此外經如摽梅追及(其之誤)令兮擊鼓踴躍(他作踊)用兵二子乘舟不瑕不(有之誤)害傳如鵲巢迎(迎誤)筆采蘩采(下采菜之誤)言(去之誤)事有

儀采蘋可觀可所之誤太宗大之誤筐莒筥之誤行露紂帛紂之誤小星
罪罶留之誤江有汜水技歧之誤終風已以亦之誤不得從孫子仲
衍從字有亡其馬脱者字凱風言其盛他作成雄雉烝烝誤筆匏
有苦葉匏謂之匏下匏乃瓠之誤連違之誤禮義簡兮畀界之誤泉
水軼軷誤筆序標目出門他作北門靜女所始之誤生也新臺及
反之誤於河上箋如鵲巢興焉者焉衍采蘩采見傳草蟲序

下重卿大夫之妻十四字無以自寧父母自衍甘棠箋云茇草舍也傳文箋云誤倒行露不知他作和六禮之来標梅墮落若差之誤多小星伐罶傳見江有汜所思而說他無說野有死麕奔走上脫箋云下脫失字綠衣祭服為他無為日月甚為違之誤其初定貌完之誤終風競日竟之誤擊鼓何居也乎之誤山川林之誤匏有苦葉深涉記時他作深淺目當作旦誤及求乃之誤谷

風特正（特之誤）家之室（之室誤倒）見（他作恩）長者也（老之誤）之（下脫之字）無時也
用（困之誤）窮我往者（他作昔）旄邱土氣暖（緩之誤）曰（日之誤）數何一
（其之誤）無（有之誤）戎車泉水畧（畧筆誤）通（他作適）衛北風使已（巳之誤）
新臺俯仰（仰衍）或脫或衍或原刻本誤或傳寫筆誤
乖異甚多誠有如校勘記所譏者又校出石本之可
取者重煩勞百姓外經如江有氾之子于歸正義亦

曰往歸則當有于字錢少詹謂當從此本匏有苦
葉濟盈不濡軌簡兮序洽官與唐石經合谷風
燕爾新昏與古一本合無發我笱與釋文合至傳
箋中與釋文合者行露夙早夜暮他無夜暮二字紂帛定本
亦同柏舟泛泛流與或本合綠衣州吁之母也與考文一本合
日月序以至困窮而作是詩也與或本合匏有苦葉揭

者揭衣也與一本合定本作褰他從之旄丘蒙戎然作戎正義同北風虛虛也他作虛徐也與定本合者采蘋祭於宗廟他作室野有死麕白茅裹束他作白茅包裹束舒貌他作舒遲緑衣不殊衣裳正義無衣與正義合者采蘋祭禮主婦設羹柏舟愠怨也有與古本合者草蟲采鱉菜小星抱被與牀帳江有汜然而並流何彼襛矣以絲為之綸燕燕箋云于往

終風且侮慢而不能正也擊鼓子仲字也雄雉君
子行如是匏有苦葉由帶以上為厲由膝以下為
揭（正義作謂帶以上也）谷風違徘徊簡兮干舞其他一二字增
減與古本合者尚多則石本未必無補予恐讀者
展卷緣其瑕而弃其瑜即以所校出者揭之卷首
異大雅是政　丙戌陽月朔日　醒翁老人

爵位故以興焉興焉者鳲鳩因鵲成巢而居之而有均一之德諭猶國君夫人來嫁居君子之室其德亦然也室者燕寢也之子于歸百兩御之百兩百乘也諸侯之子嫁於諸侯送迎之車皆百乘箋云之子是子也迓迎也是子如鳲鳩之子其往嫁也家人送之良人迎之車皆百乘象有百官之盛維鵲有巢維鳩方之方有之也之子于歸百兩將之將送也維鵲有巢維鳩盈之盈滿也箋云滿者言衆媵姪娣之多也之子于歸百兩成之能成百兩之禮箋云是子有鳲

鳩之德宜配國君故以百兩之禮送迎成之

鵲巢三章章四句

采蘩夫人不失職也夫人可以奉祭祀則不失職矣共祭祀者采蘩之事也不失職者夙夜在公也

于以采蘩于沼于沚蘩皤蒿也于於也沼池也沚渚也公侯夫人執蘩采以助祭祀神享德與信不求備焉沼沚谿澗之草猶可以薦王后則荇菜也箋云于以猶言往以執蘩采者以豆薦蘩菹也

于以用之公侯之事之事祭事也箋云言夫人

於君祭祀而薦此豆也于以采蘩于澗之中山夾水曰澗以用之公侯之宮宮廟也被之僮僮夙夜在公被首飾也僮僮竦敬也夙早也箋云公事也早夜在於公事謂視濯溉饎爨之事禮記曰主婦髮髢也被之祁祁薄言還歸祁祁舒遲貌也言事有儀箋云言我也祭事畢夫人釋祭服而去其髮髢其威儀祁祁然而安舒無疲倦之失我還歸者自廟反其燕寢也

采蘩三章章四句

草蟲大夫妻能以禮自防也卿大夫之妻待禮而行隨從君子也
喓喓草蟲趯趯阜螽興也喓喓聲也草蟲常羊也趯趯跳躍也阜螽蠜螽也卿大夫之妻待禮而行隨從君子箋云草蟲鳴而阜螽躍而從之異種同類猶男女嫁時以禮相求呼也
未見君子憂心忡忡忡忡猶衝衝也婦人雖適人猶有歸宗之義箋云未見君子者謂在塗之時也在塗之時而憂憂不當君子無以自寧父母故心衝衝然是其不自絕於其族之情也
亦既見止亦既覯止我心則降止辭也覯

遇也降下也箋云既見君子謂已同牢而食既覯謂已婚禮也始者憂於不當今君子待已以禮庶幾自此可以寧父母故心下也易曰男女覯精萬物化生也陟彼南山言采其蕨南山周南山也蕨鼈也箋云言我也我采者在塗而見采鼈菜者得其所欲猶今之行嫁者欲得禮以自喻也未見君子憂心惙惙惙惙憂也亦既見止亦既覯止我心則説説服也陟彼南山言采其薇薇菜也未見君子我心傷悲嫁女之家不息火三日思

相離也箋云惟父母思已故已亦傷悲也亦既見止亦既覯止我心則夷夷平也草蟲三章章七句

采蘋大夫妻能循法度也能循法度則可以承先祖共祭祀矣女子十年不出姆教婉娩聽從執麻枲治絲繭織紝組紃學女事以共衣服觀於祭祀納酒漿籩豆葅醢禮相助奠十有五年而笄二十而嫁此言能循法度者今既嫁而爲大夫妻能循其所爲女子之時所學可觀之事以爲法度也

于以采蘋南澗之濱于以采藻于彼行潦蘋大萍也濱厓也藻聚藻也沉曰蘋浮曰藻行潦流潦也箋云古者婦人先嫁三月祖廟未毀教于公宮祖廟既毀教于宗室教以婦德婦言婦容婦功教成之祭牲用魚芼之以蘋藻所以成婦順也此祭祭女所出祖也法度莫大於四教是又祭以成之故舉以言焉蘋之言賓也藻之言澡也婦人行尚柔順自潔清也故取名以爲戒也于以盛之維筐及筥于以湘之維錡及釜方曰筐員曰筥湘烹也錡釜屬也有足曰錡無足曰釜箋云烹蘋藻

者於魚湆之中是鉶羹之芼也于以奠之宗室牖下奠置也宗室太宗之廟也大夫士祭於宗廟奠於牖下箋云牖下户牖間之前也祭不於室中者凡昏事於女禮設几筵於户外此其義也與宗子主此祭禮唯君使有司爲之誰其尸之有齊季女尸主也齊敬也季少女也蘋藻薄物也澗潦至質也筐筥錡釜陋器也少女微主也古之將嫁女者必先醴之於宗室牲用魚芼之以蘋藻箋云主婦設羹者季女則非醴也女將行嫁父醴之而俟迎者蓋母薦之無祭事也祭禮主婦設羹教成祭之更使季女者成婦禮季女不主魚魚俎實男子設之其齊盛蓋以黍稷

采蘋三章章四句

甘棠美召伯也召伯之教明於南國召伯姬姓也名奭食菜於召作上公爲二伯後封於燕此美其爲伯之功故言伯云也

蔽芾甘棠勿翦勿伐召伯所茇蔽芾小皃也甘棠杜也翦去也伐擊也箋云茇草舍也召伯聽男女之訟重煩勞百姓止舍小棠之下而聽斷焉國人被其德而説其化思其人敬其樹也

蔽芾甘棠勿翦勿敗召伯

所憩憩息也蔽芾甘棠勿翦勿拜召伯所

說說舍也箋云拜之言拔也 甘棠三章章三句

行露召伯聽訟也衰亂之俗微貞信

之教興彊暴之男不能侵陵貞女也

衰亂之俗微貞信之教興者此殷之末世周之盛德當文王與紂之時也 厭浥行露

豈不夙夜謂行多露興也厭浥濕意也行道也豈不言有是也箋云夙夜

早暮也厭浥然濕道中始有露謂二月中嫁娶之時也我
豈不知當早夜成昏禮與謂道中之露太多故不早
早行耳彊暴之男以此多露之時禮不足而彊來不度時之
可否故云然也周禮仲春之月令會男女之無夫家者
仲春行事必以昏昕之時　誰謂雀無角何以穿我屋
誰謂女無家何以速我獄不思物變而推其類雀之穿屋
似有角者速召也獄訟也箋云　汝　汝彊暴之男變異也
人皆謂雀之穿屋似有角彊暴之男召我而獄似有室
家之道於我也物有相似而不同者雀之穿屋不以角乃
以味今彊暴之男召我而獄不以室家之道於我乃以

侵陵物有與事有似而非者士師當審也雖速我獄室家不足婚禮紂帛不過五兩箋云幣可以備也室家之道不足謂不以媒妁之言不知六禮之來彊委之也誰謂鼠無牙何以穿我墉誰謂女無家何以速我訟墉墻也視墉之穿推其物類可謂鼠有牙也雖速我訟亦不女從不女從終不弃禮而隨此彊暴之男也

行露三章一章三句二章章六句

羔羊鵲巢之功致也召南之國化文王之政在位皆節儉正直德如羔羊也鵲巢之君積行累功以致此羔羊之化在位卿大夫競相切化皆如此羔羊之人也

羔羊之皮素絲五紽小曰羔大曰羊素白也紽數也古者素絲以黃裘不失其制大夫羔裘以居之退食自公委蛇委蛇公公門也委蛇行可蹤跡也箋云退食謂減膳也自從也於公謂正直順於事也委蛇委曲自得之貌也節儉而順心志定故可自得公食也

羔羊之革素絲五緎（革猶皮也緎縫也）委蛇委蛇自公退食（箋云自公退食猶退食自公）羔羊之縫素絲五總（縫言縫殺之大之與小得其殺也總數也）委蛇委蛇退食自公

羔羊三章章四句

殷其靁勸以義也召南之大夫遠行從政不遑寧處其室家能閔其勤勞

勸以義也召南大夫召伯之屬遠行謂使出邦畿也殷其靁在
南山之陽殷殷雷聲也山南曰陽雷出地奮震驚百里山出雲雨以潤天下箋云雷以
喻號令於南山之陽又喻其在外召南之大夫以王命施號令於四方猶雷之殷殷然而發聲於南山之陽也
何斯違斯莫敢或遑何此君子也斯此也違去也遑暇也箋云何
乎此君子適居此復去此轉行遠從事於王所命之四方無敢或閑暇之時閔其勤勞也振振
君子歸哉歸哉振振信厚也箋云大夫信厚之君子爲君使功業未成歸哉歸

哉者勸以爲臣之義未得歸也殷其靁在南山之側亦在其陰與左右也
何斯違斯莫敢遑息息止也振振君子歸
哉歸哉殷其靁在南山之下或在其下箋云下謂
山足下也何斯違斯莫或遑處處居振振君子
歸哉歸哉
殷其靁三章章六句
摽有梅男女及時也召南之國被文

王之化男女得以及時也　摽有梅其實七兮興也摽落也盛極則墮落者梅也尚在樹者七箋云興者梅實尚餘七未落喻始衰也謂女年二十春盛而不嫁至夏則衰矣求我庶士迨其吉兮吉善也箋云我我當嫁者也庶衆也迨及也求女之當嫁者衆士也宜及其善時善時謂女年二十雖夏未大衰也　摽有梅其實三兮在者三也箋云此夏向晚梅之墮落若多在者餘三也求我庶士迨及今兮今急辭也　摽有梅

頃筐塈之塈取也箋云頃筐取之謂夏之已晚以頃筐取之於地也求我庶士迨其謂之不待備禮也三十之男二十之女禮未備則不待禮會而行之所以蕃育人民也箋云謂勤也女年二十而無嫁端則有勤望之憂不待禮會而行謂明年仲春不待以禮會之也時雖不備相奔亦不禁也

摽有梅三章章四句

小星惠及下也夫人無妬忌之行惠及賤妾進御於君知其命有貴賤能

盡其心矣以色曰妬以行曰忌命謂禮有貴賤嘒彼小星三五在東嘒微皃也小星衆無名者也三心五噣四時更見箋云衆無名之星隨心噣在天猶諸妾隨夫人以次序進御於君也心在東方三月時也噣在東方正月時也如是終歲則列宿更見之肅肅宵征夙夜在公寔命不同肅肅疾皃也宵夜也征行也寔是也命不得同於列位箋云夙早也謂諸妾肅肅然夜行或早或夜在於君所以次序進御者是其禮命之數不同也凡妾御於君不敢當夕嘒彼小星維參與昴

參伐也昴畱也箋云此言衆無名之星亦隨伐畱在天猶諸妾雖賤與夫人亦進御於君也肅肅宵征抱衾與裯寔命不猶衾被也裯單被也猶若也箋云裯床帳也諸妾夜行抱被與床帳以待進御之序也不若亦言尊卑異數也

小星二章章五句

江有汜美媵也勤而無怨嫡能悔過也文王之時江沱之間有嫡不以其

媵備數媵遇勞而無怨嫡亦自悔者也勤者以已宜媵而不得心望也江有汜興也江水決而復入爲汜箋云興者喻江水大汜水小然而並流似嫡媵宜俱行之之子于歸不我以不我以其後也悔嫡能自悔也箋云之子是子謂嫡也婦人謂嫁曰歸以猶與也江有渚渚小洲也水岐成曰渚箋云江水流而渚水留是嫡與已異心使已獨留而不行之子于歸不我與不我與其後也處

處止也箋云嫡亦悔過自止江有沱沱江水之別者箋云岷山導江東別爲沱之子于歸不我過不我過其嘯也歌箋云嘯者蹙口而出聲也嫡有所思而說爲之既覺自悔而歌歌者言其悔過以自解說之

江有汜三章章五句

野有死麕惡無禮也天下大亂彊暴相陵遂成淫風被文王之化雖當亂

廿猶惡無禮也無禮謂不由媒妁鴈幣不至刼脅以成婚謂紂時之廿也野有死麕白茅包之郊外曰野苞裹也凶荒則殺禮猶有以將之野有死麕羣畋之所獲而分其肉也白茅取其潔清箋云亂廿之民貧而彊暴之男多行無禮故貞女之情欲令人以白茅裹野中者所分麕肉為禮而來也有女懷春吉士誘之懷思也春不暇待秋也誘導也箋云有貞女思仲春以禮與男會也欲吉士使媒人導成之疾時無禮而言然林有樸樕野有死鹿白茅純束樸樕小木也野

有死鹿廣物也純束猶包之也箋云樸樕之中及野若有死鹿皆可以白茅裹束以爲禮廣可用之物非獨麕肉也純讀爲屯也 有女如玉 德如玉也箋云如玉者取其堅而潔白也 舒而脫脫兮 舒徐也脫脫舒貌也箋云貞女欲吉士以禮來脫脫然舒也又疾時彊暴之男相刼脅也 無感我帨兮 感動也帨佩巾也奔走節則動其佩飾也帨音稅也 無使尨也吠 尨狗也非禮相陵則狗吠

野有死麕三章二章章四句一章三句

何彼襛矣美王姬也雖則王姬亦下嫁於諸侯車服不繫其夫下王后一等猶執婦道以成肅雝之德也下王后一等謂車乘猒翟勒面繪總服則褕翟何彼襛矣唐棣之華興也襛由戎戎也唐棣栘也箋云何乎彼戎戎者乃栘之華興者喻王姬顏色之美盛也曷不肅雝王姬之車肅敬也雝和也箋云曷何也之往也何不敬和

乎王姬往乘之車言嫁時始乘車則已敬和矣何彼襛矣華如桃李

平王之孫齊侯之子平正也武王之女文王之孫適齊侯之子箋云華如桃李者興王姬與諸侯之子顏色俱盛也正王者德能正天下之王其釣維何

維絲伊緡齊侯之子平王之孫伊維也緡綸也

箋云釣者以此有求於彼何以爲之子乎以絲爲之綸則是善釣也以言王姬與齊侯之子以善道相求之

何彼襛矣三章章四句

騶虞鵲巢之應也鵲巢之化行則人倫旣正朝廷旣治天下純被文王之化則庶類蕃殖蒐田以時仁如騶虞則王道成也應者應德自遠而至彼茁者葭茁出也葭蘆也箋云記蘆始出者著春田之早晚也一發五豝豕牝曰豝虞人翼五豝以待公之發箋云君則一發而翼五豝戰禽獸之命也必戰之者仁心之至也于嗟乎騶

虞騶虞義獸白虎黑文不食生物有至信之德則應之箋云于嗟者美也彼茁者

蓬蓬草名也一發五豵一歲曰豵箋云豕生三歲曰豵于嗟乎騶虞

騶虞二章章三句召南之國十有四篇四十章一百七十七句

毛詩卷第一經二千八百六字注五千四百七十一字

毛詩卷第二　毛詩國風　鄭氏箋

邶柏舟詁訓傳第三

柏舟言仁而不遇也衛頃公之時仁人不遇小人在側不遇者君不受已之志也近小人則賢者見侵害

汎彼柏舟亦汎其流興也汎汎流貌柏木所以宜爲舟亦汎汎其流不以濟渡也箋云舟濟渡物今不見用而與衆物汎汎然俱流水中興者喻仁人之不見用與羣小並列亦猶是也

耿耿不寐如有隱憂耿耿由儆儆也隱痛也箋云言仁人既不遇憂在見侵害微我無酒以遨以遊非我無酒可以遨遊忘憂也我心匪鑒不可以茹鑒所以察形也茹度也箋云鑒之察形但知方圓白黑不能度其眞僞我心匪如是鑒也我於衆人之善惡外内心度知之亦有兄弟不可以據據依也箋云兄弟至親當相據依言亦有不相據依以爲是也希耳責之不以兄弟之道謂同姓之臣也薄言往愬逢彼之怒彼之兄弟我心

匪石不可轉也我心匪席不可卷也石雖堅尚可轉也席雖平尚可卷也箋云言己心至堅平過於石席也威儀棣棣不可選也君子望之儼然可畏禮容俯仰各有威儀爾棣棣富而閑習也物有其容不可數也箋云稱已威儀如此者言德備而不遇所以愠也憂心悄悄愠于羣小愠怒也箋云悄悄憂也羣衆小人在君側也覯閔既多受侮不少閔病靜言思之寤辟有摽靜安也辟拊心也摽亦拊心貌

也箋云言我也日居月諸胡迭而微箋云日君象也月臣象也微謂虧傷也君道常明如月而有虧盈今君失道而任用小人臣下專恣則日如月然也心之憂矣如匪澣衣如衣之不澣矣箋云衣之不澣則潰亂垢辱無照察也靜言思之不能奮飛不能如鳥奮翼而飛去箋云臣不遇於君猶不忍去厚之至也

柏舟五章章六句

綠衣衛莊姜傷已也妾上僭夫人失

位而作是詩也綠當爲褖今轉作綠字之誤也莊姜莊公夫人齊女也姓姜氏妾上僭者謂公子州吁之母也母嬖而州吁驕也綠兮衣兮綠衣黄裏興也綠間色也黄正色也箋云綠兮衣兮者言褖衣自有禮制也諸侯夫人祭服爲之下鞠衣爲上展衣次之綠衣次之次之者衆妾亦以貴賤之等服之鞠衣黄展衣白褖衣黑皆以素紗爲裏今綠衣反以黄爲裏非其制也故以喻妾上僭也心之憂矣曷維其已憂雖欲自止何時能止也綠兮衣兮綠衣黄裳上曰衣下曰裳箋云婦人之服

不殊衣裳上下同色今衣黑而裳黃喻亂嫡妾之禮也心之憂矣曷維其亡箋云亡之言忘也綠衣絲兮女所治兮綠末也絲本也箋云汝汝妾上僭也先染絲後製衣皆女所治爲也而女反亂之亦喻其亂嫡妾之禮也責以本末之行禮大夫已上衣織故本於絲也我思古人俾無訧兮俾使也訧過也箋云古人謂制禮者我思此定尊卑使人無過差之行故心善之絺兮綌兮淒其以風淒寒風也箋云絺綌所以當暑服也今以待寒喻失所也我思古人實

獲我心古之君子實得我之心也箋云古之聖人制禮者使夫婦有道妻妾貴賤有序也

綠衣四章章四句

燕燕衛莊姜送歸妾也莊姜無子陳女戴媯生子名完莊姜以爲己子莊公薨完立而州吁殺之戴媯於是大歸莊姜遠送于野作詩見己志也

燕燕于飛差池其羽燕燕乙也燕之將飛必差池其羽箋云于往也差池其羽謂張舒其尾翼也興戴媯將歸顧視其衣服也之子于歸遠送于野之子去者也歸

歸宗也遠送過禮也于於也野郊外也箋云婦人之禮送
迎不出門今我送是子乃至於野舒己之憤盡己之情
瞻望弗及泣涕如雨也瞻視燕燕于飛頡
之頏之飛上曰頡飛下曰頏箋云頡之興戴嬀將歸出入前却也之子于歸
遠于將之將行也箋云將亦送也瞻望弗及佇立以
泣佇立久立也燕燕于飛下上其音飛而上曰上音飛而下曰
下音箋云下上其音興戴嬀將歸言語感激聲有大小也之子于歸遠送

于南陳口衛南瞻望弗及實勞我也實是也仲氏任只其心塞淵仲氏戴嬀字也任大也塞瘞也淵深也箋云任者以恩深相親信也周禮六行孝友睦姻任恤也終溫且惠淑慎其身惠順也箋云溫謂顏色和也淑善也先君之思以勗寡人勗勉也箋云戴嬀思先君莊公之故故將歸猶勸勉寡人以禮義寡人莊姜自謂也燕燕四章章六句

日月衛莊姜傷已也遭州吁之難傷

已不見荅於先君以至困窮而作是
詩也　曰居月諸照臨下土日乎月乎照臨
之也箋云日月喻國君與夫人也當同德齊意以治國之常道也乃如之人兮
逝不古處逝逮也古故也箋云之人是人也謂莊公也其所以接及我者不以故處甚爲其初時也胡能有定寧不我顧胡何也定止也箋云云寧猶曾也君之行
如是何能有所定乎曾不顧念我之言是其所以不能定貌也　日居月諸下

土是冒冒覆也箋云覆猶照臨也乃如人之兮逝不相好不及我以恩相好也箋云其所以接及我者不以相好之恩情甚於己薄也胡能有定寧不我報我盡婦道而不得相報日居月諸出自東方日始月盛皆出東方箋云自從也言夫人當盛之時與君同位也乃如之人兮德音無良音聲也良善也箋云無善恩意之聲語於我也胡能有定俾也可忘箋云俾使也君之行如此何能有所定使是無良可忘也

日居月諸東方自出父兮母兮畜我不卒箋云畜養也卒終也父兮母兮者言已尊之如父親之如母乃及養遇我而不終也胡能有定報我不述述循也箋云不循者不循禮也

日月四章章六句

終風衛莊姜傷已也遭州吁之暴見侮慢而不能正也正猶止也終風且暴

顧我則笑興也終日風爲終風暴疾也笑侮慢也箋云既競日風矣而又有暴疾之風興者喻州吁之不爲善如終日風之無休息而其間又甚惡其在莊姜之旁視莊姜則反笑也是無敬之甚也謔浪笑敖言戲謔不敬也中心是悼箋云悼傷也傷其如是然而已終風且霾霾雨土也惠然肯來言時有順心箋云惠順也肯可也有順心然後可以來至我傍不欲見其謔也莫往莫來悠悠我思人無子道以來事已已以不得以母道加之箋云我思其如是心悠悠然終風且曀不

日有曀陰而風曰曀箋云有又也既競日風且復曀不見日而又曀也喻州吁之闇亂甚也寤言不寐願言則嚏嚏跲也箋云言我也願思也嚏讀爲不敢嚏咳之嚏我甚憂悼而不能寐汝思我心如是我則嚏矣今俗人嚏云人道我此古之遺言也曀曀其陰如常陰曀曀然虺虺其靁暴若震雷之聲虺虺然寤言不寐願言則懷懷傷也箋云懷安也汝思我心如是我則安也

終風四章章四句

擊鼓怨州吁也衛州吁用兵暴亂使公孫文仲將而平陳與宋國人怨其勇而無禮也將者將兵以伐鄭平成也將兵伐鄭先告陳與宋以成其伐事春秋傳曰宋殤公之即位公子馮出奔鄭鄭人欲納之及衛州吁立將修先君之怨於鄭而求寵於諸侯以和其民使告於宋曰君若伐鄭以除君害君爲主弊邑以賦與陳蔡從則衛國之願宋人許之於是陳蔡方睦於衛故宋公陳侯蔡人衛人伐鄭是也伐鄭在魯隱公四年也

擊鼓其鏜

踴躍用兵鏜然擊鼓聲也使衆踴躍用兵也箋云此用兵謂始治兵也土國城漕我獨南行漕衞邑也箋云言衆已皆勞苦也或修土功於國或修治漕城而我獨見使從軍南行伐鄭是尤勞苦之甚也從孫子仲平陳與宋從孫子仲公孫文仲也平陳於宋也箋云子仲字也不平陳與宋謂使告宋曰君爲主獘邑以賦與陳蔡從也我以歸憂心有忡憂心忡忡然也箋云以猶與也與我南行不與我歸者兵凶事懼不得歸豫憂也爰居爰處爰喪其馬有不還者有亡其馬

箋云爰於也不還謂死也傷也病也今於何居也於何處乎於何喪其馬乎　于以求之于林之下　山木曰林箋云于於也求不還者及亡其馬者當於林下軍行必依山川求其故處近得之　死生契闊與子成說　契闊勤苦也說數也箋云從軍之士與其伍約生也死也相與處勤苦之中我與子成說愛之恩志在相救者　執子之手與子偕老　偕俱也箋云執其手與之約誓示信也言俱者庶幾俱免於難　于嗟闊兮不我活兮　不我生活也箋云州吁阻兵安忍阻兵無衆安忍無親衆叛親離軍

事弃其伍約離散而相遠故吁嗟歎之闊兮汝不與我相救活傷也

于嗟洵兮不我信兮

洵遠也信亟也箋云嗟其弃洵不與我相親信亦傷之也

擊鼓五章章四句

凱風美孝子也衛之淫風流行雖有七子之母猶不能安其室故美七子能盡其孝道以慰其母心而成其志

爾不安其室欲去嫁也成其志者成孝子自責之意也凱風自南吹彼棘心興也南風謂之凱風凱風樂夏之長養也棘難長養者箋云凱風喻寛仁之母也棘猶七子也棘心夭夭母氏劬勞夭夭盛貌也劬勞病苦箋云夭夭喻七子少長母養之病苦也凱風自南吹彼棘薪棘薪言其盛就母氏聖善我無令人聖叡也箋云叡作聖令善也母乃有叡智之善德我七子無善人而能報之故母氏不安我室故去嫁也爰有寒泉在浚之

下浚衛邑也在浚之下言有益於浚人也箋云爰曰也曰有寒泉者在浚之下浸潤之使浚之民逸樂以興七子不能如也有子七人母氏勞苦睍睆黄鳥載好其音睍睆好貌也箋云睍睆以興顔色説也好其音者興辭令順也以言七子不能如也有子七人莫慰母心慰安也

凱風四章章四句

雄雉刺衛宣公也宣公淫亂不恤國

事軍旅數起大夫久役男女怨曠國
人患之故作是詩也淫亂者荒放於妻妾烝於夷姜之等也國人久處軍役之事故男多曠女多怨男曠而苦其事女怨而望其君子也雄雉于飛
洩洩其羽興也雄雉見雌雉飛而鼓其翼洩洩然箋云興者喻宣公整其衣服而起奮迅其形貌志在婦人而已不恤國之政事也我之懷矣自詒伊阻
詒遺也伊維也阻難也箋云懷安也伊當作繄繄由是也君子行如是我安在其朝而不去今從軍旅久役不

得歸此自遺以是患難也雄雉于飛下上其音箋云下上其音者喻宣公小大其聲怡悅婦人也展矣君子實勞我心展誠也箋云誠矣君子訴於君也君之行如是實使我心勞矣君若不然則我無軍役之事也瞻彼日月悠悠我思瞻視也箋云視日月之行迭往而迭來今君子獨久行役而不來使我心悠悠思之女怨之辭也道之云遠曷云能來箋云曷何也何時能來望之也百爾君子不知德行箋云爾汝也汝衆君子我不知人之德行何如

者可謂爲有德行而君子或有所畱或有所遺女怨之故問此

不忮不求何用不臧

忮害也臧善也箋云我君子之行不疾害也不求備於一人其行何用爲不善而君獨遠使之在外不得來歸亦女怨之辭也

雄雉四章章四句

匏有苦葉刺衛宣公也公與夫人並爲淫亂

夫人謂夷姜也

匏有苦葉濟有深涉

興也匏謂之匏匏葉苦不可食也濟渡也由膝以上爲涉箋云匏葉苦而渡處深也謂八月之時陰陽交始可婚禮納

采問名也深則厲淺則揭以衣涉水爲厲由帶以上爲厲由膝以下爲揭揭者揭衣也遭時制宜如遇水深則厲淺則揭以男女之際安可以無禮義將無以自濟也箋云既以深涉記時目以水深淺喻男女才性賢與不肖及長幼也各順其人之宜爲之求妃偶有瀰濟盈有鷕雉鳴瀰深水也盈滿也水人之所難也鷕雌雉聲也衛夫人有淫佚之志授人以色假人以辭不顧禮義之難至使宣公有淫昏之行箋云有瀰濟盈謂過於厲喻犯禮深矣濟盈不濡軌雉鳴求其牡濡漬也由輈已上爲軌連禮義不由於道由雉鳴求其牡矣飛曰雌雄走曰牝

牡箋云渡深水者必濡軓言不濡者喻夫人犯禮而不自知雌鳴及求其牡喻夫人所求非所求也雝雝鳴鴈旭日始旦雝雝鴈聲和也納采用鴈旭日白始出大昕之時也箋云鴈者随陽而處似婦人之從夫故昏禮用鴈自納采至請期用昕親迎用昏也士如歸妻迨冰未泮迨及也泮散也箋云歸妻使之來歸於已謂請期也冰未散謂正月中以前二月中可以昏招招舟子人涉卬否招招號召之貌舟子舟人之子主濟渡者也卬我也箋云舟人子號召當濟渡者由媒人之會男女之無失家者使為配匹也人皆從之而渡而我獨否之

人涉卬否卬須我友人皆涉我友未至我猶待之而不涉以言室家之道非得所適貞女不行已知之非得禮義昏姻不成也

匏有苦葉四章章四句

谷風刺夫婦失道也衛人化其上淫於新昏而弃其舊室夫婦離絶國俗傷敗焉新昏新爲昏禮

習習谷風以陰以

雨與也習習和舒之貌也東風謂之谷風陰陽和而谷風至夫婦和則室家成室家成則繼嗣生黽勉同心不宜有怒言黽勉思與君子同心也箋云所以黽勉者以爲見譴怒者非夫婦之所宜也采葑采菲無以下體葑須也菲芴也下體根莖也箋云此二菜者蔓菁與葍之類也皆上下可食然而根莖有美時有惡時采之者不可以根莖惡之時并弃菜也喻夫婦禮義合顏色親不可以顏色衰弃其相與室家之道也德音莫違及爾同死箋云莫無也及與也夫婦之言無相違者則可與汝長相與處至死顏色斯須之耳

行道遲遲中心有違遲遲舒行貌也離也箋云違猶俳佪也行於道路之人至將離別尚舒其心俳佪然也喻君子於已不能如此不遠伊邇薄送

我畿畿門內也箋云邇近也言君子與已訣別不能遠唯近耳送我裁至於門內無恩之甚也誰

謂荼苦其甘如薺荼苦菜也箋云荼誠苦矣而君子遇於已薄之苦毒又甚於荼以比方之荼則甘如薺也

燕爾新昏如兄如弟燕安也

涇以渭濁湜湜其沚涇渭相入而清濁異箋云小渚曰沚涇水有渭

故見渭濁湜湜特正皃也喻君子得新昏故謂己惡也己之持心守初如沚然不動揺也此絶去所經見因取以自喻也燕爾新昏不我屑以屑潔也箋云以用也言君子不復潔用我當家之室也無逝我梁無發我笱逝之也梁魚梁也笱所以捕魚也箋云無者喻禁新昏汝無之我家取我爲室家之道我躬不閱遑恤我後閱容也箋云躬身也皇暇也恤憂也我身尚不能自容何暇憂我後廿所生子孫就其深矣方之舟之就其淺矣泳之游之

舟船也箋云方柎也潛行爲泳言深淺 何有何亡
者喻君子之家事無難易吾皆爲之
黽勉求之 有謂富也亡謂貧也箋云君子何所
有乎何所亡乎吾其黽勉勤力爲求
之有求多
亡求有之 凡民有喪匍匐救之 箋云匍匐言
盡力也凡民
有凶禍之事鄰里尚盡力往救之況我於
君子之家事難易固當黽勉以疏喻親也 不以我
能慉反以我爲讎 慉養也箋云慉驕也君子不
能以見驕樂我反憎惡我也
既阻我德賈用不售 阻難也箋云既難却我
隱蔽我之善我脩婦道

以事之覬其察已猶見疏外如賣物不售者也昔育恐鞫及爾顛覆育長也鞫窮也箋云昔育育穉也及與也昔我幼穉時恐至老窮匱故與汝顛覆盡力於衆事難易無所避也既生既育比予于毒箋云生謂財業也育謂長者也于於也既有其財業又既長老其視我如毒螫言惡之甚也我有旨蓄亦以御冬旨美也御禦也箋云蓄聚美菜者以禦冬月之無時也燕爾新昏以我御窮箋云言君子亦但以我禦窮苦之時至於富貴則弃我如旨蓄也有洸有潰

旣詒我肄洸洸武也潰潰怒也肄勞也箋云詒遺也君子洸洸然潰潰然而無溫潤之色而盡遺我以勞苦之事欲用窮我也不念昔者伊余來塈塈息也箋云君子忘舊不念往者年穉我始來之時安息我也

谷風六章章八句

式微黎侯寓于衛其臣勸以歸也寓寄也黎侯爲狄人所逐弃其國而寄於衛衛處之以二邑因安之可以歸而不歸故其臣勸之

式微式微胡不歸式用也箋云式微式微者微乎微者也君何不歸乎禁

君留止於此之辭也式發聲也微君之故胡爲乎中露微無也中露衛邑也箋云我若無君何爲處此乎臣又極諫之辭式微式微胡不歸微君之躬胡爲乎泥中泥中衛下邑也

式微二章章四句

旄丘責衛伯也狄人迫逐黎侯黎侯寓于衛衛不能脩方伯連率之職黎之臣

子以責於衛也衛康叔之封爵稱侯今稱伯者時爲州伯也周之制使伯佐牧春秋傳曰五侯九伯侯爲牧也旄丘之葛兮何誕之節兮興也前高後下曰旄丘諸侯以國相連屬憂患相及如葛延蔓相連也誕闊也箋云土氣暖則葛生闊節也興者喻此時衛伯不恤其職故其臣於君事亦疏廢叔兮伯兮何多日也日月已逝而不我憂也箋云叔伯字也呼衛之諸臣叔與伯與汝期迎我君而復之可以來而不來汝曰數何一多先叔後伯臣之命不以蒞也何其處也必有與

也言與仁義也箋云我君何以處此乎必以衛有仁義之道故責衛今不行仁義也何其
久也必有以也必以功德也箋云我君何以久留於此乎必以衛有功德也又
責衛今不務功德狐裘蒙戎匪車不東大夫狐蒼裘蒙戎以言亂
也不東言不來東也箋云刺衛諸臣形貌蒙戎然但爲昏亂之行汝非無戎車乎何不來東迎我君而復
之黎國在衛西今所寓在衛東叔兮伯兮靡所與同無救患恤
同也箋云衛之諸臣行如是不與諸伯之臣同言其非之特甚也瑣兮尾兮流

離之子瑣尾少好之貌也流離鳥名也少好長醜始於愉樂終以微弱箋云衛之諸臣初有小善終無成功似流離也叔兮伯兮褎如充耳褎盛服也充耳盛飾也大夫褎然有尊盛之服而不能稱也箋云充耳者塞耳也言衛之諸臣顏色褎然如見塞耳無所聞知如人之耳聾恒多笑而已

旄丘四章章四句

簡兮刺不用賢也衛之賢者仕於泠官皆可以承事王者也泠官樂官也泠氏世掌樂官而善焉故

後世多號樂官爲泠官簡兮簡兮方將萬舞簡大
也方四方也將行也以干羽爲萬舞用之於宗廟山川故言於四方也箋云簡擇也將且也擇兮擇兮者爲且
祭祀當萬舞也萬舞干舞日之方中在前上處教國子弟以日
中爲期也箋云在前上處者在前列上頭也周禮太頁胥掌學士之版以待致諸子春入學舍菜合舞也石
人俁俁公庭萬舞碩大德也俁俁容貎大也萬舞非但在四方親在宗廟公庭
有力如虎執轡如組組織組也武力比於虎可以御亂御衆有

文章也言能治衆動於近成於遠箋云碩人有御亂御衆之德可任爲王臣左手執籥右手秉翟籥六孔翟翟羽也箋云碩人多才多藝又能籥舞言文武道備赫如渥赭公言錫爵赫赤皃渥厚漬也祭有畀煇胞翟閽寺者惠下之道見惠不過一散箋云碩人顏色赫然如厚傅丹君徒賜其一爵而已不知其賢而進用之散受五升山有榛隰有苓榛木名也下濕曰隰苓大苦箋云榛也苓也生各得其所以言碩人處非其位云誰之思西方美人箋云我誰思乎思周室之賢者以其宜薦碩人

與在王位彼美人兮西方之人兮乃宜在王室箋云彼美人謂碩人也

簡兮三章章六句

泉水衛女思歸也嫁於諸侯父母終思歸寧而不得故作是詩以自見也以自見者見已志也國君夫人父母在則歸寧没則使大夫寧於兄弟衛女之思歸雖非禮思之至也

毖彼泉水亦流于淇興也泉水始出毖然流也淇水名也箋云泉水

流而入淇猶婦人出嫁於異國有懷于衛靡日不思箋云懷至也靡無也以言我有所至念於衛無一日不思也所至念者謂諸姬諸姑伯姊也孌彼諸姬聊與之謀孌好貌也諸姬同姓之女也聊願也箋云聊且畧之辭也諸姬者未嫁之女也我且欲畧與之謀婦人之禮觀其志意親親之恩也出宿于泲飲餞于禰泲地名也祖而舍軷飲酒於其側曰餞重始有事於道也禰地名也箋云泲禰者所嫁國適衛之道所經故思宿餞女子有行遠父母兄弟箋云行道也婦人有

出嫁之道遠於親親故禮緣人情使得歸寧問我諸姑遂及伯姊父之姊妹稱姑先生曰姊箋云寧則又問姑及姊親其類也先姑後姊尊姑也出宿于干飲餞于言干言所適國郊也箋云干言猶涉禰未聞遠近同異載脂載舝還車言邁脂舝其車以還我行也箋云言還車者嫁時乘來今思乘以歸遄臻于衛不瑕有害遄疾也臻至也瑕遠也箋云瑕猶過也害何也我還車疾至於衛而反於行無過差有何不可而止我我思肥泉玆之永

歎所出同所歸異於肥泉箋云茲此也自衛而來所渡水故思此而長歎也思須
與漕我心悠悠須漕衛邑也箋云自衛而來所經邑故又思也駕
言出遊以寫我憂寫除也箋云既不得歸寧且欲乘車出遊以除我憂
泉水四章章六句
出門刺仕不得志也言衛之忠臣不
得其志爾不得其志者君不知已志而遇困苦出自北

門憂心殷殷興也北門背明向陰也箋云自從也興者喻己仕於闇君猶行而出
北門心爲之憂殷殷然終窶且貧莫知我艱窶者無禮也貧者困
於財也箋云艱難也君於己祿薄終不足以爲禮又近困於財無知己以此爲難者言君既然矣諸臣亦如之
已焉哉天實爲之謂之何哉箋云謂勤也謂人事
君無二志故自決歸之於天也我勤身以事君何哉忠之至也王事適我政事
一埤益我適之也埤厚也箋云國有王命役使之事則不以之彼必來之我有賦稅之

事則減彼而一以益我言君政偏已兼其苦也我入自外室人交徧讁我讁責也箋云我從外入在室之人更迭徧來責我使已去也言室人亦不知己志已焉哉天實爲之謂之何哉王事敦我政事一埤遺我敦厚也遺加也箋云敦猶投擲我入自外室人交徧摧我摧沮也箋云摧者刺譏之言已焉哉天實爲之謂之何哉

北門三章章七句

北風刺虐也衛國並爲威虐百姓不親莫不相攜持而去焉　北風其涼雨雪其雱興也北風寒涼之風也雱盛貌也箋云寒涼之風病害萬物興者喻君政教酷暴使已散亂去也惠而好我攜手同行惠愛也行道也箋云性仁愛人而又好我者與我相攜持同道而去疾時政也其虛其邪既亟只且虛虛也亟急也箋云邪讀如徐言今在位之人其政威儀虛徐寬仁者今皆以爲急刻之

行也所以當去以此故也北風其喈雨雪其霏喈疾貌也霏甚貌也惠而好我攜手同歸歸有德也其虛其邪既亟只且莫赤匪狐莫黑匪烏狐赤烏黑莫能別也箋云赤則狐也黑則烏也猶今之君臣相承爲惡則如一惠而好我攜手同車攜手就車其虛其邪既亟只且

北風三章章六句

靜女刺時也衛君無道夫人無德以君及夫人無道德故陳靜女遺我以彤管之法德也如是可以易之爲人君之配也

靜女其姝俟我於城隅靜貞靜也女德貞靜而有法度乃可說也姝美色也俟待也城隅以言高而不可踰也箋云女德貞靜然後可畜美色然後可安又能服從待禮而動自防如城隅故可愛也愛而不見搔首踟躕言志往而行止箋云志往謂踟躕行止謂愛之而不往見也

靜女其孌貽我彤

管既有靜德又有美色又能遺我以古人法可以
配人君也古者后夫人必有女史彤管之法史不
記過其罪殺之后妃羣妾以禮御於君所女史書日月授
之以環以進退之生子月辰則以之金環退之當御者
以銀環進之著于左手旣御著于右手事彤管有
無大小記以成法箋云彤管筆赤管也
煒悅懌女美煒赤貌也彤管以赤心正人也箋云
悅懌當作說釋赤管煒煒然女
史以之說懌妃自牧歸荑洵美且異牧田官
妾之德美之也荑茅
之所生也本之於荑取其有始有終也箋云洵信也茅
潔白之物也自牧田歸荑其信美而異者可以共祭祀

也猶貞女在窈窕之處媒氏達之可以配人君匪女之爲美美人之貽非爲其徒說美色而已美其人能遺我法則也箋云遺我者遺我以賢妃也

靜女三章章四句

新臺刺衛宣公也納伋之妻作新臺于河上而要之國人惡之而作是詩也伋宣公之世子

新臺有泚河水瀰瀰泚鮮

明貌也瀰瀰盛貌也水所以潔
汙穢及於河上而爲淫昏之行燕婉之求籧篨
不鮮燕安也婉順也籧篨不能俯者也箋云鮮善也
伋之妻齊女也來嫁於衛其心本求燕婉之人
謂伋也反得籧篨不善謂宣公也籧篨
口柔常觀人顏色而爲之辭故不能俯仰也新臺有
洒河水浼浼洒高峻也浼
浼平地也燕婉之求籧
篨不殄殄絕也箋云殄
當作腆腆善也魚網之設鴻則離
之言所得非所求也箋云設魚網者宜得魚鴻乃鳥
而反離焉猶齊女以禮來求世子而得宣公也

燕婉之求得此戚施戚施不能仰者箋云戚施面柔也下人以色故不能仰也

新臺三章章四句

二子乘舟思伋壽也衛宣公之二子爭相爲死國人傷而思之作是詩也

二子乘舟汎汎其景二子伋也壽也宣公爲伋取於齊齊女而美公奪之生壽及朔朔與其母愬伋於公公令伋之齊使賊先待於隘而殺之壽知之以告伋使去之伋曰君命也不

可以逃壽竊其節而先往賊殺之伋至曰君命殺我壽有何罪賊又殺之國人傷其涉危遂往如乘舟而無所薄也汎汎然迅疾而不礙危也願言思子中心養養願每也養養憂愁憂不知所定也箋云願念也念我思此二子心爲之憂養養然

二子乘舟汎汎其逝逝往也願言思子不瑕不害言二子之不遠害也箋云瑕猶過也我念思此二子之事於行無過差有何不可而不去乎

二子乘舟二章章四句

邶國十有九篇七十一章三百六十三句

毛詩卷第二 經二千二 注五千九百九十三字

石經之刻漢一字魏三字魏遺字陽湖孫伯淵觀察巳据隸續為攷一卷傳之漢殘字予舊歲亦有刊本唐石經尚存西安學宮唯蜀刻豪無貽留金壇段懋堂先生宦游西

川時自言屢加搜訪片石無存今所存唯毛
詩及春秋傳殘拓本求之數年不可得茲從
陽城張古餘夫子假得毛詩殘字一冊廼吳門
黃氏抄本即十三經校勘記所据有武林廣
仁義學印者取今本傳箋校之字多互異
之處嚴氏杰已有攷證一書不復詳綴讀者

取而觀之可也急命兒士槑景寫付梓以廣其傳與漢刻並行他日再得左傳本延津劍合更為奇觀世有同志者尚其襄予成之

道光五年秋七月廿五日歇抱居士書冊尾

江寧顧晴崖家刻

道光六年歲在丙戌
正月石經精舍刊行

通計四十二頁大三千六百九十二字小九千三百五十八字

子也夫子韓起君子有信其有以知之矣爲十年齊欒施高彊來奔張本自齊聘於衛衛侯享之北宮文子賦淇澳淇澳詩衛風美武公也言宣子有武公之德宣子賦木瓜木瓜亦衛風義取於欲厚報以爲好夏四月韓須如齊送女須韓起之子送少姜齊陳無宇送女致少姜少姜有寵於晉侯晉侯謂之少姜爲立別號所以寵異之

謂陳無宇非卿欲使齊以適夫人禮送少姜執諸中都中都晉邑在西河界休縣東南少姜爲之請曰送從逆班班列也畏大國也猶有所易是以亂作韓須公族大夫陳無宇上大夫言齊畏晉改易禮制使上大夫送致此執辱之罪益少姜謙以示譏叔弓聘於晉報宣子也此春韓宣子來聘晉侯使郊勞聘禮賓至近郊君使卿勞之辭曰寡君使弓

來繼舊好固曰女無敢爲賓徹命於
執事敝邑引矣徹達也敢辱郊使請辭
辭郊勞致館辭曰寡君命下臣來繼舊
好好合使成臣之祿也得通君命則於已爲榮祿敢辱
大館敢不敢叔向曰子叔子知禮哉吾聞

（主也）辭不忘國忠信也（謂稱舊好）先國後己卑讓也（始稱敝邑之弘先國也次稱臣之祿後己也）詩曰敬慎威儀以近有德夫子近德矣（詩大雅）秋鄭公孫黑將作亂欲去游氏而代其位（游氏大叔之族黑爲游楚所傷故欲害其族）傷疾作而不果（前年游楚擊傷創）駟氏與諸大夫欲殺之（駟氏黑之族）子產在鄙

聞之懼弗及乘遽而至（遽驛傳）使吏數之（責數其罪）曰伯有之亂（在襄三十一年）以大國之事而未爾討也（務共大國之命不暇治女罪）爾有亂心無厭國不女堪專伐伯有而罪一也昆弟爭室而罪二也（謂爭徐無犯之妹）薰隧之盟女矯君位而罪三也（謂使大史書七子）有死罪

三何以堪之不速死大刑將至再拜稽首辭曰死在朝夕無助天爲虐子產曰人誰不死凶人不終命也作凶事爲凶人不助天其助凶人乎請以印爲褚師（印子晳之子褚師市官）子產曰印也若才君將任之不才將朝夕從女女罪之不恤而

毛詩殘字今春晤嘉興錢曼卿公子鴻祺倡
助付梓茲從　車秋舲處得左傳殘字與錢
少詹跋尾所載悉合其字體迴别以書者本
非一手故附刊以行仍俟海内博雅審定焉
至捐貲諸公例得題名謹依先後列於左
錢曼卿鴻祺　黄向亭春榮　傅明府祖緒

温檢討 葆滈
賀明經 崇恩
夏明經 烱

朱小尊 彝
熊明府 傳栗
蔣清波 鐘音

汪廣文 燡
徐桐軒 鳳
陳觀察 鑾

錢上舍 燕桂 熙曾
陳上舍 鏊
章比部 煒

施上舍 墨池
金左魚 石史
周編修 開麒

李縣佐 邦鑫
胡刺史 彥升
熊太守 象堦

黄松石所藏毛詩二卷周南召南邶風故
趙谷林趙意林厲樊榭丁龍泓詩全謝山
跋多舉輖饑爲異聞後佚周南及鵲巢序
王蘭泉吳兔牀馮柳東校記陳雪峯刻
木本均起鵲巢之子于歸百兩御之此本最
後歸程蘭川文榮蘭川官江寧北捕通判
咸豐癸丑赭寇陷城殉難今不可踪迹矣
歸程之先曾在王容大溥黃蕘圃丕烈家皆

談蜀石經故事不可不知者也

甲子正月十九日

廬江劉體乾識

蜀石經題跋姓氏録

蜀石經題跋各家姓氏錄

以年月先後為次乾隆五十二年至宣統二年

翁方綱 字正三號覃溪一號蘇齋順天大興人乾隆壬申科翰林官至內閣學士兼禮部侍郎銜著有復初齋文集詩集兩漢金石記諸書

段玉裁 字若膺號茂堂江蘇金壇人乾隆庚辰科舉人官四川巫山縣知縣著有說文解字注經韻樓集

錢大昕 字及之一字曉徵號辛楣又號竹汀江蘇嘉定人乾隆十九年翰林官至詹事府少詹事著有潛研堂文集五十卷詩集十卷他書甚多

瞿中溶 字木夫江蘇嘉定人官湖南布政司理問著有古泉山館詩集

梁章鉅 字閎中號茝林福建長樂縣人嘉慶壬戌科進士官至江蘇巡撫

朱綬 字仲環一字環之號酉生又號仲潔江蘇元和人道光辛卯科舉人著有知止堂文集八卷補遺一卷詩集十二卷

朱珔 字玉存號蘭坡安徽涇縣人嘉慶七年翰林官至翰林院侍講著有小萬卷齋文二十四卷詩三十二卷續藁十二卷經進藁二卷

梁逢辰 字吉甫福建長樂人

何紹基 字子貞晚號蝯叟湖南道州人道光丙申科翰林官翰林院編修著有惜道味齋經說八卷東洲草堂詩文集十六卷

吴履敬 字子肅安徽青陽人

吴式訓 字子迪咸豐乙卯科舉人安徽青陽人

陳慶鏞　字乾翔號頌南福建晉江人道光壬辰科進士官至掌陝西道監察御史　贈光禄寺卿銜著有籀經堂類稿

馮志沂　字魯川山西代州人道光十六年進士官至安徽徽甯池太廣道有微尚齋文集

鄭復光

楊寶臣　字緗雲福建邵武人官戶部郎中山西河東道

張錫庚　字星白江蘇丹徒人道光丙申科翰林官至刑部右侍郎南書房行走謚文貞

趙光　字蓉舫雲南昆明人嘉慶庚辰科翰林官至刑部尚書謚文恪

張德容 字松坪浙江西安人咸豐壬子科進士官至湖南常德府知府

沈兆霖 字朗亭浙江錢塘人道光丙申科翰林官至工部尚書謚文忠

祁寯藻 字叔穎號實甫晚號觀齋山西壽陽人嘉慶甲戌科翰林官至體仁閣大學士軍機大臣謚文端著有䜱䜺亭集四十四卷

朱學勤 字修伯浙江仁和人咸豐三年進士官至大理寺卿

葉名灃 字潤臣湖北漢陽人道光丁酉科舉人官內閣侍讀著有敦夙好齋詩集八卷

楊傳第 字聽臚號汀鷺江蘇陽湖人道光己酉科舉人官河南知府著有汀鷺遺文及詩詞

潘祖蔭　字伯寅號鄭盦江蘇吴縣人咸豐壬子科探花官至南書房行走工部尚書謚文勤

楊繼振　字幼雲漢軍鑲黄旗人工部郎中

王懿榮　字正孺號廉生山東福山縣人光緒庚辰科翰林官至國子監祭酒庚子死拳匪之難　贈侍郎謚文敏

陳衍　字叔伊一字石遺福建侯官人光緒壬午舉人官學部主事有石遺室詩三卷補遺一卷

蜀石經題跋各家姓氏録

以年月先後為次宣統辛亥年起

瞿鴻機 字子玖號止盦湖南善化人同治辛未科翰林官至軍機大臣協辦大學士謚文慎著有超覽樓詩集

吳慶坻 字子修晚號補松浙江錢塘人光緒丙戌科翰林官至湖南提學使著有補松廬詩集

繆荃孫 字筱珊號藝風江蘇江陰人光緒丙子科翰林官翰林院編修著有藝風堂藏石目讀書記藝風文集

楊守敬 字惺吾湖北宜都人同治壬戌科舉人官黄岡縣教諭著有鄰蘇老人題跋四卷壬癸金石跋四卷輯有望堂金石文字寰宇貞石圖

王闓運 字壬秋號湘綺湖南湘潭人咸豐補壬子乙卯科舉人特賞翰林院檢討著有湘綺樓文集詩集湘軍志等書

林紓 字琴南福建閩縣人光緒壬午科舉人

姜筠 字穎生安徽懷甯人官分部郎中

宋育仁 字道復號芸子四川富順人光緒丙戌科翰林官至湖北候補道有問琴閣詩錄

駱成驤 字公驌四川資州人光緒乙未科狀元官至廣（山）西提學使

尹昌齡 字仲錫四川郫縣人光緒己丑科翰林

胡嗣芬 字宗武貴州開州人光緒乙未科進士官至四川勸業道分發江蘇簡任職任用

王樹枬 字晋卿直隸新城人光緒丙戌科進士官至新疆布政使著有陶廬文集陶廬詩集等書

江瀚 字叔海福建長汀人官至河南開陳許道

丁傳靖 字秀甫號闇公江蘇丹徒人光緒丁酉科副榜禮學館纂修大總統府秘書

朱師轍 字少濱江蘇長洲人　朱先生駿聲之孫朱先生孔彰之子

章梫 字一山浙江甯海人光緒甲辰科翰林官翰林院檢討有一山文集

鄭孝胥 字蘇堪號太夷福建閩縣人光緒壬午科解元官至湖南布政使

吳闓生 字辟疆安徽桐城人 吳先生汝綸之子

陳寶琛 字伯潛號弢庵福建閩縣人同治戊辰科翰林官至山西巡撫太傅毓慶宮授讀

沈曾植 字子培號乙庵晚號寐叟浙江嘉興人光緒庚辰科進士官至安徽布政使

楊鍾羲 字子勤漢軍正黃旗人光緒己丑科翰林官至江甯府知府南書房行走

余肇康 字堯衢晚號倦知湖南長沙人光緒丙戌科進士官至法部參議

柯劭忞 字鳳蓀山東膠州人光緒丙戌科翰林官至典禮院直學士

陳三立　字伯嚴號散原江西義甯人光緒丙戌科進士官吏部主事著有散原精舍詩鈔

吴慶燾　字寬仲晚號孤清湖北襄陽人光緒壬午科舉人官至江西贛南道

王乃徵　字聘三一字病山四川中江人光緒庚寅科翰林官至貴州布政使

陳詩　字鶴柴號子言安徽廬江人著有尊瓠室詩集

吴士鑑　字絅齋浙江錢塘人光緒壬辰榜眼官翰林院侍讀　南書房行走

劉體蕃　字錫之安徽廬江人光緒癸卯　召試經濟特科官湖北候補道有三雙井草堂詩集余之從弟也

葉爾愷 字柏皋浙江仁和人光緒壬辰翰林官雲南提學使

鄭沅 字叔進湖南長沙人光緒甲午科一甲三名進士官翰林院侍讀 南書房行走

曾廣鈞 字重伯號觙厂湖南湘鄉人光緒己丑翰林官廣西候補知府有環天室詩集

馮煦 字夢華號蒿厂江蘇金壇人光緒丙戌探花官至安徽巡撫著有蒿厂類稿

朱祖謀 字古微號彊村浙江歸安人光緒癸未傳臚官至禮部侍郎著有彊村詞

曹元弼 字叔彥江蘇吳縣人光緒甲午科進士官內閣中書 特賞翰林院編修著有禮經校釋

劉廷琛　字幼雲號潛樓江西德化人光緒甲午翰林官至學部副大臣丁巳　授議政大臣

郭曾炘　字春榆福建侯官人光緒庚辰進士官至禮部右侍郎著有亥既集詩

陳榮昌　字小圃雲南昆明人光緒癸未翰林官至山東貴州提學使

章鈺　字式之江蘇長洲人光緒壬寅進士官刑部主事

余誠格　字壽平安徽望江人光緒乙丑翰林官至湖南巡撫

孫雄　原名同康字師鄭江蘇昭文人光緒甲午進士官吏部主事北京大學堂文科大學監督

徐世昌 字菊人別號水竹村人直隸天津人光緒丙戌翰林官至軍機大臣體仁閣大學士太傅辛亥後任國務卿戊午任大總統

陳重慶 字異卿江蘇儀徵人光緒乙亥舉人官湖北候補道

卞綍昌 字黻閣江蘇儀徵人光緒丁酉優貢官湖北候補道

吳學廉 字鑑泉安徽廬江人光緒辛卯舉人官江蘇候補道

王秉恩 字息存號雪岑四川華陽人同治癸酉舉人官至廣東提法使

王文燾 字叔瀞四川華陽人雪岑廉訪之子

蔡寶善　字師愚浙江德清人光緒壬寅舉人癸卯召試經濟特科官陝西三原縣知縣辛亥後官江蘇蘇常道尹

沙元炳　字健庵江蘇如臯人光緒甲午翰林官翰林院編修

金蓉鏡　字甸丞浙江秀水人光緒己丑進士官工部主事湖南靖州直隸州知州

曹廣楨　字梅舫湖南長沙人光緒壬辰進士官至吉林提學使

高振霄　字雲麓浙江鄞縣人光緒甲辰翰林官翰林院編修

費樹蔚　字韋齋號仲深江蘇吴江人官直隸候補知府辛亥後官肅政使

王式通 字志盦號書衡浙江山陰人寄籍山西汾陽光緒戊戌進士官至大理院民科推丞辛亥後官

吴昌綬 字印丞浙江仁和人

魏家驊 字梅孫江蘇江甯人光緒戊戌翰林官至雲南迤東道

吴昌碩 原名俊卿字昌碩後以字行號蒼石浙江安吉人官江蘇候補知縣

趙啟霖 字芷生湖南湘潭人光緒壬辰翰林官至四川提學使

閻迺竹 字戚叔陝西朝邑人光緒癸未進士官禮部主事山西候補道

夏壽田　字午詒，湖南桂陽縣人，光緒戊戌一甲二名進士，官翰林院編修

夏孫桐　字閏枝，江蘇江陰縣人，光緒壬辰科翰林，官至浙江湖州府知府

周貞亮　字子幹，湖北漢陽縣人，光緒甲辰科進士，辛亥後官平政院評事

馬其昶　字通伯，安徽桐城縣人，學部主事，辛亥後任參政、國務院顧問、執政府顧問

蕭方駿　字龍友，四川三臺縣人

章華　字曼仙，湖南長沙縣人，光緒乙未科進士，官至郵傳部郎中，辛亥後官國務院僉事

秦樹聲 字幼衡河南固始縣人光緒丙戌科進士官至雲南提法使辛亥後任總統府諮議

高祺 字祇熙四川華陽縣人

邵章 字伯絅浙江仁和縣人光緒癸卯進士官翰林院編修

曹秉章 字理齋浙江嘉善縣人

黄濬 字秋岳福建侯官縣人

金兆蕃 字籛孫浙江秀水縣人光緒己丑科舉人江蘇候補知府辛亥後官財政部參事

曹允源 字根蓀江蘇吳縣人光緒丙戌進士官至湖北襄陽府知府着有復盦類稿

陶葆廉 字拙存浙江秀水縣人二品蔭生陸軍部郎中

康有為 原名祖詒字長素又號更生廣東南海人光緒乙未進士官工部主事丁巳授弼德院副總裁

吳郁生 字蔚若江蘇元和人光緒丁丑翰林官至郵傳部左侍郎軍機大臣

徐珂 字仲可浙江錢塘人光緒己丑　恩科舉人官內閣中書

程頌萬 字子大湖南甯鄉人官湖北候補道有石巢詩集

錢駿祥 字新甫浙江嘉興縣人光緒己丑翰林官至翰林院侍讀

龔慶霖 字雨蒼安徽合肥人

羅振玉 字叔蘊浙江上虞縣人學部參事農科大學監督

王國維 字靜庵浙江海甯人

張謇 字季直號嗇翁江蘇通州人光緒甲午狀元翰林院修撰辛亥後官農商總長

姚永樸 字仲實安徽桐城人

趙椿年 字劍秋江蘇武進縣人光緒戊戌科進士官至江西候補知府辛亥後任審計院院長

張其淦 字豫泉廣東東莞人光緒甲午進士官安徽候補道署提學使

冒廣生 字鶴亭江蘇如皋人光緒甲午科舉人官辛亥後廣官甌海關鎮江關淮關監督

蜀石經觀款各家姓氏錄

以年月先後為序

孫星衍　字淵如號季逑江蘇陽湖人乾隆丁未榜眼官至山東督糧道

阮元　字伯元號芸臺江蘇江都人乾隆五十四年翰林官至太傅體仁閣大學士謚文達

江鳳彝　字秬香浙江錢塘人嘉慶戊午舉人

錢泳　字立羣號梅溪江蘇金匱人

黄教鎔　官湖南知縣漢陽人

徐景軾 字肖坡安徽歙縣人咸豐丙辰科翰林官至四川成都府知府

孔憲彝 字叙仲號繡山一號秀珊山東曲阜人道光丁酉舉人官内閣侍讀有對嶽樓詩録

張之洞 字孝達號香濤直隸南皮人同治癸亥科探花官至體仁閣大學士軍機大臣謚文襄著有廣雅堂詩集

洪鈞 字文卿江蘇吴縣人同治戊辰科狀元官至兵部左侍郎

汪鳴鑾 字柳門號郋亭浙江錢塘人同治丁卯科翰林官至吏部左侍郎

吴大澂 字清卿江蘇吴縣人同治戊辰科翰林官至湖南巡撫著有說文古籀補愙齋集鐘鼎彝器款識

羅振玉 字叔藴浙江上虞人官學部參事

李瑞清 字梅庵江西臨川人光緒甲午科進士官至江甯提學使

楊守敬 見前

樊增祥 字雲門號樊山光緒丁丑科進士官至江甯布政使辛亥後官少卿參政院參政大總統府顧問湖北恩施人

曾廣鈞 見前

勞乃宣 字玉初浙江桐鄉人同治辛未科進士官至大學堂總監督

梁鼎芬 字星海號節庵廣東番禺人光緒庚辰科翰林官至湖北按察使以大總統黎宋卿薦 命在毓慶宮行走文端公世續面告余者卒謚文忠

商衍瀛 字雲汀廣東駐防旗人光緒癸卯壬寅科翰林官翰林院編修

商衍鎏 字藻亭廣東駐防旗人光緒甲辰科探花官翰林院編修

胡嗣瑗 字愔仲號晴初貴州開州人光緒癸卯壬寅翰林官翰林院編修候補道辛亥後官直隸都督秘書長直隸民政長秘書長江蘇都督諮議長金陵道尹丁巳五月 授閣丞戊午復任大總統府諮議國務院顧問

沈曾植 見前

余肇康 見前

吴慶燾　見前

陳毅　字詒重湖南湘鄉人光緒甲辰科進士官郵傳部丞參上行走刑部郎中

湯滌　字定之江蘇武進人

李經方　字伯行安徽合肥人光緒壬午舉人官郵傳部侍郎

陶葆廉　字拙存浙江秀水人二品廕生陸軍部郎中

嚴修　字範孫直隸天津縣人光緒癸未翰林官至學部副大臣

田庚 字少白安徽懷遠人光緒庚寅翰林官至江蘇徐州知府知府辛亥後官分發江蘇簡任職

陳重威 字容民江蘇武進縣人光緒乙亥 恩科舉人官山西盂縣知縣候補知府

徐乃昌 字積餘別號隨庵安徽南陵縣人光緒癸巳舉人官江南鹽巡道　事見自跋

林開謩 字貽書福建長樂人光緒乙未翰林官江蘇徐州道　寫王晉卿駢文

李國松 字木公安徽合肥人光緒丁酉舉人度支部郎中　寫馬通伯跋

蜀石經題簽署首各家姓氏錄以年月先後爲序

翁方綱見前

致曲山人

梁章鉅見前

勱廷

晉康麟

楊慶麟字振甫江蘇吴江人道光庚戌進士官至内閣學士

何紹基見前

潘祖蔭見前

吴慶坻見前

瞿鴻禨見前

何維樸字詩孫湖南道州人光緒乙亥科舉人二品銜江蘇候補道

李瑞清 見前

陳寶琛 見前

鄭沅 字叔進湖南長沙人光緒甲午科一甲三名進士官至翰林院侍讀　南書房行走

蜀石經齋圖各畫家姓氏録

以年月先後爲序

金蓉鏡　見前

何維樸　見前

汪洛年　號鷗客浙江仁和人

趙于密　號伯藏湖南武陵人官江西候補知府

林紓　見前

陸恢　字廉夫江蘇人

顧麟士 號鶴逸江蘇人

姜筠 見前

蕭愻 號謙中安徽懷甯人

吴昌碩 原名俊卿字昌碩後以字行號蒼石浙江安吉人官江蘇候補知縣

湯滌 見前

汪大燮 字伯唐浙江錢塘人光緒己丑舉人官至外務部左侍郎

蜀石經六册舊有翁覃溪諸公題跋觀款四十四人
辛亥以後余自乞瞿文慎諸君題跋觀款又數十人因
攷其爵里著作爲姓氏録甲子清明廬江劉體乾識

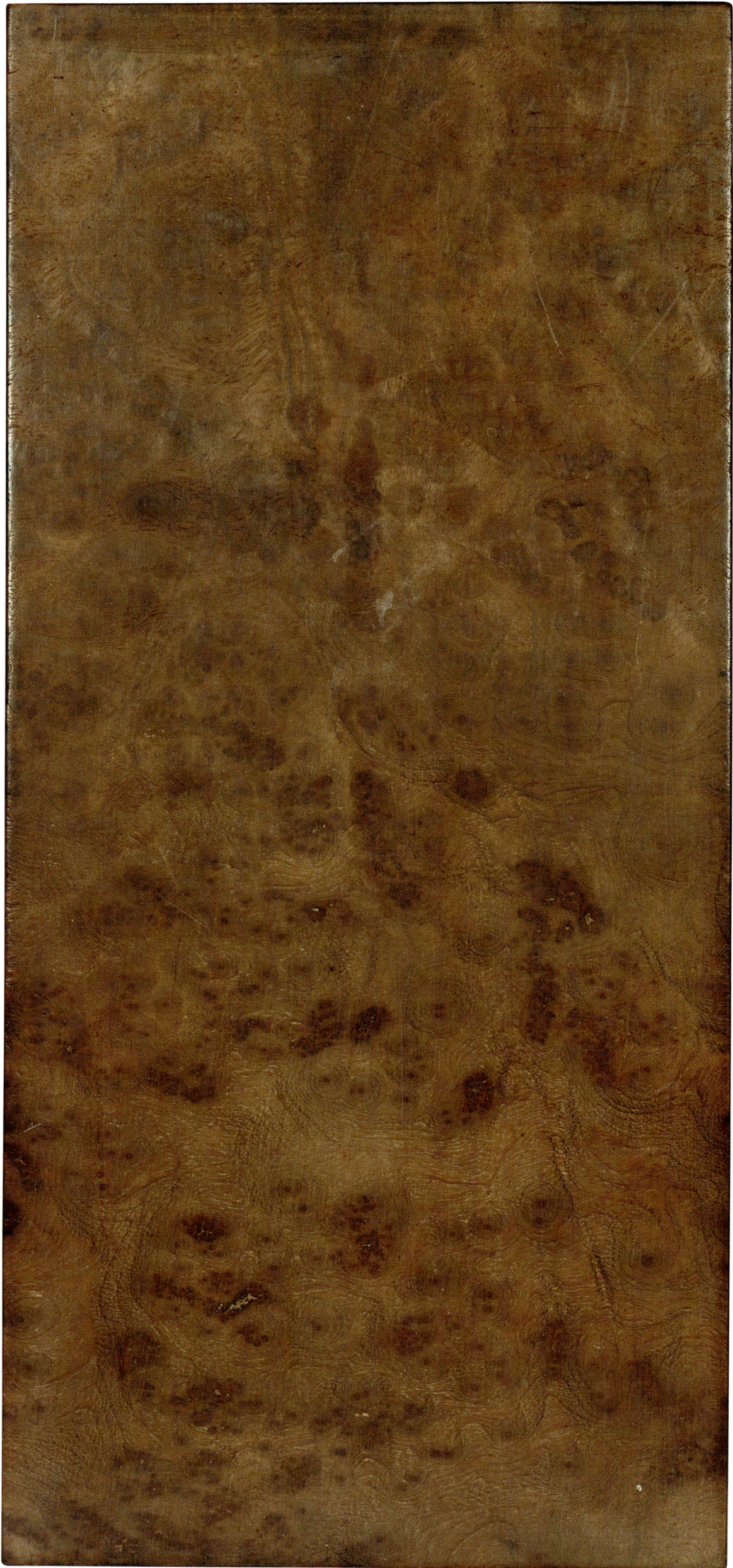

石經文獻集成

虞萬里 主編

蜀石經集存

王天然 編著

春秋公羊傳

附

陳氏木刻蜀石經

蜀石經題跋姓氏録

圖書在版編目(CIP)數據

蜀石經集存.春秋公羊傳：附陳氏木刻蜀石經　蜀
石經題跋姓氏録 / 虞萬里主編；王天然編著. —上海：
上海古籍出版社，2023.12
(石經文獻集成)
ISBN 978-7-5732-0912-2

Ⅰ.①蜀…　Ⅱ.①虞…　②王…　Ⅲ.①碑刻—拓片—
中國—春秋時代　Ⅳ.①K877.42

中國國家版本館 CIP 數據核字(2023)第 202154 號

2023 年度國家古籍整理出版專項經費資助項目

2021—2035 年國家古籍工作規劃
重點出版項目“石經文獻集成”系列成果之一

策劃編輯：郭　沖
責任編輯：郭　沖　虞桑玲
美術編輯：嚴克勤
技術編輯：隗婷婷

石經文獻集成
虞萬里　主編
蜀石經集存・春秋公羊傳(附陳氏木刻蜀石經　蜀石經題跋姓氏録)
王天然　編著

上海古籍出版社出版發行
(上海市閔行區號景路 159 弄 1-5 號 A 座 5F　郵政編碼 201101)
(1) 網址：www.guji.com.cn
(2) E-mail：guji1@guji.com.cn
(3) 易文網網址：www.ewen.co

上海雅昌藝術印刷有限公司印刷

開本 787×1092　1/8　印張 41.5　插頁 4　字數 62,100
2023 年 12 月第 1 版　2023 年 12 月第 1 次印刷
ISBN 978-7-5732-0912-2/B・1350
定價：860.00 元
如有質量問題，請與承印公司聯繫

目録

出版説明……一
蜀石經集存序……虞萬里　三
概述……王天然　九
一　蜀石經之刊刻與毁佚……九
二　蜀石經之孑遺……一一
三　蜀石經之形制與性質……二〇
結語……二四
國家圖書館藏蜀石經《春秋公羊傳》殘拓録文……二五
説明……二五
録文……二五

出版説明

蜀石經的鐫刻肇始於後蜀廣政年間，時代由後蜀延續至宋，在七朝石經之中，不僅是唯一的經注本，且字數最多，規模最大，刊時最長。其碑石在宋代以後開始湮没，至明清僅有拓本流傳，已屬罕見。乾嘉以後，出現了多家摹本和影刊本，成爲學者校勘考據所依據的主要版本。民國初年，劉體乾致力於收集蜀石經拓本，得《春秋》三傳、《周禮》四經殘拓，並加以影印。

現存蜀石經主要由三部分構成：（一）國家圖書館藏劉體乾舊藏殘拓：今存《春秋經傳集解》卷十五襄公十年至十五年全卷，卷二十昭公二年；《春秋公羊傳》卷二桓公六年至十五年；《春秋穀梁傳》卷六文公元年，卷八、卷九成公元年、二年，襄公二十六年、二十七年，卷九襄公十八年、十九年；《周禮》卷九、卷十兩卷，卷十二《考工記》。（二）上海圖書館藏黄丕烈舊藏《毛詩》殘拓：起卷一《召南·鵲巢》，訖卷二《邶風·二子乘舟》尾。（三）近代成都出土的殘石：《周易》之《履》《泰》《否》《中孚》；《尚書》之《禹貢》《説命》《君奭》；《毛詩》之《周頌》《魯頌》，以上藏四川博物院；《儀禮》之《特牲饋食禮》，現藏中國國家博物館。另有《毛詩》之《鄭風》《曹風》殘石拓片存世。重庆中國三峽博物館藏有以上新出土殘石拓片。

原石毁没，拓本稀見，蜀石經一直是歷代儒家石經研究中相對薄弱的環節。上圖藏《毛詩》殘拓和近現代新出殘石拓本均從未出版。國圖所藏部分雖在民國便已影印，但時至今日也不經見；而且該本爲黑白影印，囿於當時的攝影製版技術水平，原件上的諸多藏印、批點、殘字和細微筆畫等細節無法有效呈現；國圖、上圖所藏蜀石經殘拓皆爲國家一級文物，學者即使親臨訪書也很難調閲。本項目《蜀石經集存》，在虞萬里、王天然二位先生的主持指導下，經國圖、上圖、重博授權，對於現存蜀石經殘拓進行全面系統彙編影印出版：

一、採用高清全彩印製，最大程度地呈現原拓原貌。

二、國圖、上圖所藏拓本，均原大影印。受開本限制，重博所藏拓片大小略作調整：《周易·履》《泰》《否》殘拓縮放比例爲98%；《尚書·説命》《君奭》殘石兩面拓於一紙，周圍有大量題跋文字，除兩面各自之原大圖版之外，亦收録整幅圖版以存全貌，縮放比例爲58%；《毛詩·鄭風》《曹風》及《毛詩·周頌》《魯頌》殘拓，除殘拓之原大圖版之外，亦收録整幅圖版以見全貌，縮放比例分别爲58%及70%；其餘殘石拓片圖版均爲原大。

三、國圖藏本現裝爲七册，即《周禮》卷九、卷十《秋官·司寇》與卷十二《冬官·考工記》各一册；《春秋經傳集解》卷十五襄公十年至十五年與卷二十昭公二年各一册；《春秋公羊傳》卷二桓公六年至十五年一册；《春秋穀梁傳》卷六文公元年，卷八、卷九成公元年、二年，襄公二十六年、二十七年，與卷九襄公十八年、十九年各一册。另《陳氏木刻蜀石經》《蜀石經題跋姓氏録》各一册。上圖藏《毛詩》殘拓裝一册。重博拓片均爲散葉。本次出版，按照殘拓内容，同時兼顧流傳收藏歷史和裝幀篇幅，分爲五册，即《周禮》《春秋經傳集解》《春秋穀梁傳》各一册，《毛詩》與近代出土殘石拓片並一册（包含《古文尚書》一塊、《毛詩》重言兩塊拓片），《春秋公羊傳》與《陳氏木刻蜀石經》《蜀石經題跋姓氏録》並一册。

四、原本中無任何信息的白葉，未予影印。原本中夾有簽條、活葉者，則將此開原貌及放置活葉後之形態分别影印。

五、虞萬里、王天然二位先生分别撰有「序言」和「概述」，盡述蜀石經鐫刻背景、經過與流傳，形制特點，文本來源等等。王天然先生亦承擔了殘拓文字之釋録工作。這兩部分内容載於别册，以便讀者與圖版對照取用。

上海古籍出版社

二〇二三年十一月

蜀石經存世目録

周易　履卦　泰卦　否卦　中孚卦

尚書　禹貢　説命　君奭

毛詩　國風　召南　邶風　鄭風　曹風　周頌　魯頌

周禮　秋官司寇　冬官考工記

儀禮　特牲饋食禮

春秋經傳集解　襄公十年　襄公十一年　襄公十二年　襄公十三年　襄公十四年　襄公十五年　昭公二年

春秋公羊傳　桓公六年　桓公七年　桓公八年　桓公九年　桓公十年　桓公十一年　桓公十二年　桓公十三年　桓公十四年　桓公十五年

春秋穀梁傳　文公元年　成公元年　成公二年　襄公十八年　襄公十九年　襄公二十六年　襄公二十七年

蜀石經集存序

虞萬里

漢、魏、唐、蜀、北宋、南宋和清代的七朝石經，雖然都以碑石爲載體，但其文本、字體、經傳、碑式，與鐫刻時的標準文本、通行字體、書寫閲讀習慣相應，都有一定的變化，形成各自的特色。孟蜀廣政石經的特點，一是帖式形態的小型碑石，與漢、魏、唐大型碑石不同；二是經傳並刻，以經文大字、注文雙行小字面目呈現，亦與漢、魏、唐石經的單刻經文不同。帖式形態便於椎拓裝訂和翻閲，經傳並刻則便於亟速理解經文。這種石刻形態，並非一蹴而就，它是在充分吸取前代閲讀習慣和文本書寫形態逐漸變化和發展到一定階段的基礎上形成的。回溯前三種石經的形制和與之相應的經學文本形態的變化和發展，可以深刻地理解蜀石經的特點。

熹平石經刊刻時，紙張已經發明，然經典文本的書寫仍處於簡帛階段。簡牘書寫經典起源很早，延續時間却很長。漢末經師鄭玄晚年注釋《三禮》時，所見所取文本仍都是簡牘；與其年代相先後，熹平石經刊刻之偶發起因是有人刮削改寫蘭臺簡牘文字以合私家文本，是其所取所據文本亦爲簡牘，可以互證。現今出土的戰國、秦漢儒家簡牘長度一般多在漢尺一尺（二十三點五釐米），長者達四十多釐米，一簡字數或多或少。漢制規定書寫經典用二尺四寸簡，武威《儀禮》漢簡長度在五十五釐米左右，與漢制相符。漢簡《儀禮》每簡字數由六十多字到一百二十字不等，雖有編線四道，但文字却通欄直下，唯編線處空開不書。推而廣之到所有儒家簡牘，一律直書到底。稍前於《儀禮》簡的馬王堆帛書《周易》等也是通欄直下。從某種視角而言，漢石經是書寫經典標準簡牘形制的直接投射。所以，熹平石經雖高二米有餘，仍是每行七十多字通欄直下，顯示出簡牘時代的常規書寫形態。用二尺四寸簡牘書寫經典，字大而疏者約容六十餘字，小而密者可達一百多字，將之置於當時的几案，允在頭不必上下過大移動而視線可以掃視、閲讀的範圍内。但若將字形放大到八分，翻刻到通高二米多、寬一米許的石碑上，矗立於太學前，碑式整體雖尚屬勻稱，而抄録、摹寫必須擡頭觀頂端之字，下蹲看基石之文，存在一定的不便。這種不便受制於諸多的歷史因素，是時代的局限。

六七十年後曹魏鐫刻三體石經時，紙張是否已普及到可以隨意書寫所有經典，尚不敢斷言。魏武帝曹操和魯肅「手不釋卷」之「卷」，是簡牘、絹帛還是紙張，現也無法指實。但石經以古、篆、隸三種字體書寫經文二十字，形成六十字一行，是殘石呈現的實際形態。溯其成因，碑石高廣與熹平碑式近似，兩種石經並立於太學講堂之前，容易導致思維趨同。因此，無論經典的書寫是否已用紙張，可能都無法改變三體石經直行而下的鐫刻樣式。其有限變化，即一行中字數的多少——漢魏石經每行相差十多字，很可能取決於古文和篆體字形狹長的緣故。漢魏石經的碑式文本，可供士子校覈、摹寫、抄録，却不便於影拓後展讀學習，故《隋志》所載一字石經、三字石經多少卷，似乎已是經剪裁割裱後的卷帙，而具體却很難質指。

紙張的稍稍普及，當在曹操和魯肅之後數十年。左思的長篇巨製《三都賦》寫成之際，皇甫謐作序以高其聲價，文士競相傳抄，造成洛陽紙貴。紙貴須從兩方面看，一是文章高妙，值得抄讀摹寫，於是抄寫者衆；二是西晉時紙張確實還不如後世易製易得。兩晉時書寫紙張的高廣尺寸，當然因地因時因具體情況而無法劃一。現今流傳的敦煌儒家經籍寫卷，有的殘損嚴重，有的不標示尺寸。相對而言，書寫工整的敦煌佛經寫卷大致高度都在二十五釐米上下（波動於二十四至二十七釐米之間），偶有窄至二十釐米，寬至三十釐米者。書寫工整的佛經一般每行多容寫十七字左右，而相對草率的儒家經典如伯二五二九《毛詩故訓傳》，抄寫率爾，每行二十一至二十八字不等。抄得較爲工整的如伯二五三〇《周易注》，則每行基本控制在十五字，也有十三至十四字者。伯二五二三《春秋左氏傳集解》每行十四至十七字不等。所以唐代的寫卷高度和每行容字似當以佛經經卷爲基準。高度不超過三十釐米的紙張，是窄於古代書案的寬度，每行以十七字爲基準而稍有上下增減，既是成人手肘上下移動書寫的距離，也與書者目測距離控制限度相應。

唐石經矗立於西安碑林已近一千二百年，今實測其碑高二一〇釐米，文字書寫高度約二〇二釐米。上下分爲八欄，每欄高二三至二三點五釐米，每字高二釐米，寬一點八釐米，字距一釐米。每碑寬度不一，大致在九十一到九十四釐米左右。唐石經處於紙張已經普及、書册制度已經形成的大和（文獻中太和、大和並出，本文一律改爲大和）、開成間，其文本依仿六朝以來盛行的書册和寫卷形態，分層横行，從右至左書刻，應是情理之必然。唐石經碑式清人王昶和魏錫曾等都有過記載。侯金滿經實地考察和深入研究，在前人研究基礎上又有更深的認識，並作出明晰的描述：唐石經整碑分成八欄，每行平均十字，碑式佈局以經典的篇卷爲單位，即每卷（篇）字數以每行十字横書而得出一卷（篇）之總行數，而後將一卷（篇）總行數依整碑所分八欄平分，得出每卷（篇）在整碑所佔行數，從右至左横書鐫刻。每卷（篇）字數多寡不一，故其在上下八欄的碑石上所佔行數也不相同。由於每碑碑石寬度恒定在九十一至九十四釐米左右，一般容三十五到三十七行，最多不超過三十九行，故按照經典篇序依次書寫鐫刻，就會産生某一卷（篇）文字由上一碑横跨到下一碑的情況。又因某些經卷文字過多，因此亦出現横跨兩碑、三碑的現象。他推測這種分層横書跨碑形式，與中古的書册制度有密切關係。[一] 從唐石經分層横書的碑式形態，可以推測當時的影拓技術已經成熟，因一經椎拓，即可黏連成旋風裝，極便翻閲研習。當然，這種鐫刻形態與帖式刻石孰先孰後，尚須有更多的實物來證實。蜀石經確是明顯的帖式刻石，儘管它與叢帖的興起與先後關係也需要進一步研究。

據王天然研究，蜀石經「原石書刻部分長約九十釐米，縱高約三十釐米，計入四邊留白則整石約長一米、縱高約半米」，「蜀石經《毛詩》原石一面約容三十七行，大字滿行十四字，小字滿行二十字左右，單排佈局，雙面書刻」。[二] 與唐石經相較，蜀石經縱高三十釐米，每行大字十四字，一字亦在兩釐米左右，可見唐、蜀石經同樣作爲石刻碑版，閲讀、觀賞須有一定距離，故字形大小相仿。但唐石經每行十字，蜀石經每行十四字，殆因唐石經整碑高大，蜀石經碑式相對矮小，閲讀時站立距離須有遠近差別，故行容字數略有多少；且蜀石經還夾有雙行傳注小字，故大字不宜過密過小。這樣推測，是基於與中古寫卷每行十七字比較而得。我們閲讀寫卷距離，一般要近於觀賞碑刻的距離，對象近，視線控制力强，字形不妨略小；對象遠，視線控制力弱，字形必須略大。結合五代北宋版刻而言，每行在二十一二字左右，這是書卷可以隨意湊近閲讀，字形允許更小一些的緣故。如果這種推測有一定道理，則唐、蜀石經字體大小和每行容字多少都是當時策劃者和工匠深思熟慮而定出的碑式。唐石經每欄上下相距僅二釐米左右，而蜀石經則約近十釐米，此則因唐石經整碑要容納八欄，没有多餘的空間；而蜀石經單欄横行，就美觀起見，也須上下留足邊框。

四種石經碑式沿革變化如上，而文本之衍化則更爲複雜。

先秦儒家經典文本，在秦漢之交時，先後由篆文轉寫成隸書，轉寫過程中不免産生誤認或錯寫，流傳過程中更增磨滅與殘泐因素。逮及孔壁和山巖屋壁之六國古文寫本顯世，校覈隸書今文本，可以看出很多因誤認、磨滅和殘泐而造成的錯譌與經師牽强附會的説解，劉歆、班固謂「後世經傳既已乖離，博學者又不思多聞闕疑之義，而務碎義逃難，便詞巧説」，當即指此而言。六國古文固然可以校正今文經本的某些錯譌和臆説，但因其字體奇形多變，難以辨認，同樣帶來很多識讀上的困難，以致經師仍不得不揣度文義，用自己方域中同音和近音來推求與文義相合的古文正字，此一過程就經師主觀層面而言是「漢讀」，從字與字造成對

[一] 侯金滿《唐石經碑式與中古書册制度關係探微》，《文獻》2021年第4期，第32—52頁。
[二] 王天然《蜀石經形制譾識》，《文史》2019年第三輯，第128頁，中華書局，2019年。

應，構成異文的客觀而言則是「通假」。不同的漢讀和通假形成不同的文本，不同的經師爲自己的漢讀文本所作的解説即是不同的師説，經師各以不同的學説傳授，形成漢代的師法和家法，最終導致五經博士的增立。各師法間師説和文本憑藉官學逐漸固定，但在經義上互有歧義甚至相左，在一定程度上妨礙了通經致用的政策和策略施行，於是需要召開石渠閣和白虎觀會議來統一經義。石渠閣和白虎觀兩會雖在某些經義上取得官方的一種傾向性意見，却並未消弭各家文本的異同，所以才會有削改蘭臺簡牘文字之舉。熹平石經選擇七經中一家作爲主要文本，而將同一經的其他家法文本異文經校勘後刊於碑陰，使無論研習哪一家師法的人都有一個可依憑的標準文本。從這個意義上説，熹平石經之刊刻，是漢代今文經本在皇權指導下走向統一的第一步，它是在十四博士和官學外的衆多家法上進一步確立了以申培《魯詩》、梁丘《易》、歐陽《尚書》、大戴《禮》、嚴彭祖《春秋公羊》爲主的今文本系統。可惜的是，隨著劉漢與曹魏政權的興替，經學也由今文經轉向古文經。剛刊立不久的熹平石經轉眼成爲明日黄花，被三體石經替代。三體石經以古文、篆文和隸書三種文字刊刻，其古文的來源一直有争論，其實，不僅古文的來源需要檢討，連篆文和隸書文本的選取也必須追溯，它是古文本的篆隸對應轉寫，還是另有一種用篆隸書寫的古文經文本的配合？只是出土殘石有限，暫時無法比較研討。但有一點可以確定，曹魏既然刊立古文經，必然是依據當時官學經師公認的、有目共睹的古文經文本。

今古文經學的興替，導致今文經文本的逐漸散佚甚至失傳。但儘管文本先後散佚、失傳，其文本中的某些語詞、文字仍會被無意混入或有意替代到通行的古文經文本中。因爲魏晉以後雖然古文經盛行，但今、古文經的對立已泯滅消解。紙張的漸行普及，原來裹糧從師的讀書形式也相對改變，除在官學中求學，個人也可通過日益普及的傳抄文本獨自學習。無論是國學師受還是個人研讀，經師和學生都可能根據所能見到的今古文經本選擇適合於自己對經典理解的文字作解，這並非是篡改經文，而是改有所本，即有前代經師文本依據。作出這種判斷的證據是，《毛詩》在東漢中後期開始盛行，字形由隸轉楷，至兩晉以後幾乎獨行天下。隋唐間陸德明《經典釋文》收録《毛詩》音義者十七家，録存近一千組異文。這些異文除楷書點畫之異外，有用毛傳傳文替代而産生的異文，有用鄭箋箋文替代而産生的異文，也有用王肅注文替代而産生的異文，有的異文竟和《韓詩》相同，證明擇取三家《詩》文字入《毛詩》之情況確實存在。顏之推《書證》篇列舉河北本、江南本、江南舊本、俗本，以及《釋文》和《五經正義》所舉官本、定本等異同，可以想見民間隨手所抄，信手而改，不斷産生異本，而官方則不斷校勘，努力規範，冀望形成統一文本的歷史境況。進入唐代，顏師古有《定本》，孔穎達有《正義》本。但孔氏《正義》單行，不與所疏文本合一，故《正義》仍然無法規整官本和民間文本。開元、乾元、貞元三朝都曾校勘經典，大曆間張參校勘後書於國子監講論堂東西廂，寶曆時齊皞、韋公肅再校而書於木版，至鄭覃於大和初年重新校勘，而後書丹刻成開成石經。鄭覃所校，其取捨不必一定符合漢魏經師文本，但應是代表唐代官方校勘的，從顏、孔之後，歷經張參、齊皞、韋公肅已還的「定本」。這個定本的經文在大和及大和以前寫本散佚殆盡的前提下，無疑成爲嚴可均所説的「古本之終，今本之祖」。

唐石經作爲「古本之終」略如前説，其作爲「今本之祖」，首先要辨析的就是後唐長興年間由馮道、李愚發起刊刻的九經印版——北宋的國子監版的藍本，與孟蜀刊刻的廣政石經之關係，以及兩者的祖本問題。因爲長興九經印版刊刻時間在前，廣政石經的鐫刻過程在後，從有竣工記載的廣政七年(944)一直到北宋末年方始刻成。所以一般論蜀石經者，多先述長興刻本刊刻過程，接敘蜀石經的刊刻，給人的印象是，蜀石經是依據長興刊本而刻。此當略予辨證。

刊版九經始刻於長興三年(932)，據《册府元龜》和《五代會要》所記，它的經文是以「西京石經本」——「今本之祖」的唐石經爲底本，注文則是請研習專經的博士儒徒將寫本上的注文勾稽移置到相應的經文下。其注文文本來源史書缺載。長興版九經中《周禮》刊成於後周廣順三年(953)，所附刻的《九經字樣》刊成於後晉開運三年(946)，可知前後長達二十餘年。蜀石經係蜀相毋昭裔捐俸金所刻，其所據文本，曾宏父《石刻鋪敘》「孝經一册二卷」下記云：「孟蜀廣政七年三月二日右僕射毋昭裔以雍京石本校勘。」所謂「雍京石本」，當然是開成石經，以開成石經作爲校勘本，可見原本與長興版取開成石經經文雕版者不同。長興版是開成石經原文，而蜀石經僅是以開成石經校勘。開成石經是鄭覃在大和本基礎上校勘後上石鐫刻，蜀石經無論取何種寫本爲底本，其在取開成石經拓本校勘過程必有去取，兩者不會完全相同，這或許就是晁公武校勘後有三百二科之異的緣故。

蜀石經經文與長興版來源略異，已可證兩者無承襲關係。若再從政治和地理上考慮，五代割據的政治形勢，各自爲政，且從後唐的洛陽到孟蜀的成都，相去遥遥一千多公里，不可能洛陽刻成一經，傳送到成都再翻版上石。當然，從時間上看，長興雕版在前，廣政刻石在後，蜀石經鐫刻經傳受到長興刊版的影響不無可能。毋昭裔年輕時借《文選》遭受白眼，其刊刻《文選》《白帖》之類亦在情理中，而捐資刊刻九經經傳這種浩大工程，很可能是長興刊版的消息在十多年中傳到了成都。筆者曾經這樣思考，蜀石經最先刻成的是《孝經》《論語》《爾雅》三經，時在廣政七年三月至七月。此三書是蒙學必讀，符合毋昭裔發願讓天下讀書人有書讀的初衷，也與刊刻《文選》《白帖》相應。其《周易》刻成於廣政十四年，前此數年長興版《九經字樣》刻成，馮道、李愚的九經計劃已昭然若揭，若消息傳到成都，自會激起毋昭裔更大的宏願，索性將三經外其他諸經一併續刻以成一功，此雖屬推測，却不無可能。

無論蜀石經之鐫刻是否受到長興刊本的影響，所要確定的是，蜀石經的注文從何處得來。回溯唐石經及其前身，張參校勘九經書於泥壁，齊皞、韋公肅校勘書於木板，都只是經文，無注文。但從陸德明《經典釋文》所載分析，六朝到唐初，廣泛流傳的儒家經典多已是漢魏經師傳注合一之本。敦煌殘卷所出，亦以經傳、經注合一本爲多，偶有單經本，大多爲民間讀書人抄書自用。再就孔穎達、賈公彦等所作《正義》分析，既解經文，亦解傳注，顯示出六朝「義疏」體盛行之後，經典與漢魏經師的傳注常態下已不再分開。所以，唐石經雖只鐫刻經文，其每經大題下仍注明漢魏經師的姓名，如《易》「王弼注」、「韓康伯注」，《書》「孔傳」，《詩》「鄭氏箋」，《周禮》《儀禮》「鄭氏注」。《禮記》雖將《御刪定禮記月令》置第一，題「集賢院學士尚書左僕射兼右相吏部尚書修國史上柱國晉國公林甫等奉勑注」，而《曲禮》以下仍標「鄭氏注」，説明由張參到鄭覃所校勘的九經也是經傳合注本，只是鐫刻石經時，取經文書丹上石。由此可證張參、齊皞和鄭覃校本都是一脈相承的經傳合一本，亦即大和寫本必定是經傳合一本。唐石經刊成於開成二年(837)，下距朱温移易唐祚尚有六七十年之久。儘管文宗之後唐朝一直在走向衰敗，但舉世矚目的大工程石經刊成後拓本頒布各地自在情理之中。至於張參、齊皞、鄭覃在相繼校勘寫本時，是否對傳注文字進行校勘，或雖校勘而不經意，今難以推測。但經他們校勘後的大和寫本在此後的數十年中會傳播開來，至少各路藩鎮和地方政府能夠獲得的機率很大，當然在傳抄過程中也不免走樣。退一步言，即使地處西南邊陲的成都當時未獲得大和經傳寫本，爲了鐫刻石經工程，從各種渠道去尋覓，也在情理之中。成都離長安近而離洛陽遠，所以從民間渠道獲得可能要比官方交涉更簡捷。

當然，經傳合一本既從隋唐以來都已傳遍各地，偏西的成都地區原來就有也完全可能。但北宋趙抃於治平元年(1064)出知成都，作《成都記》，謂毋昭裔「依大和舊本令張德釗書」，紹興年間的席益作《府學石經堂圖籍記》，説毋昭裔是「按雍都舊本九經」，趙氏、席氏都親見蜀石經，深知蜀石經爲經傳合一本，「雍京石本」是不附傳注的經文本，如果趙氏「大和舊本」、席氏「雍都舊本」僅指不附經文的「雍京石本」，至少詞義上無法包容毋昭裔所刻的經傳合編的蜀石經。又因由長興本經補刻、翻刻的北宋國子監本是來源於雍京石本即唐石經，是宋人的一種常識，所以趙、席兩人都用一「舊」字，點明毋氏所用是大和寫本而不是石本，大和舊本、雍都舊本是經注合一寫本，而不是只有經文的「雍京石本」。晁公武説「蜀人之立石」，「而能盡用大和本，固已可嘉」。晁氏親與石經之事，固是明白人，他不用「雍京石本」或「石經」一詞，而用「大和本」，假如他的大和本是指石經本，與長興本所據相同，毋氏的舉措也就不那麽「可嘉」了。王應麟也説：「僞蜀相毋昭裔取唐大和本琢石於成都學官，與後唐板本不無小異。」王氏後文即舉晁公武《石經考異》三百二科和張㚟的《石經注文考異》四十卷。在近五十餘萬字中有三百三十個異文，只能是「小異」，而注文的異文可以達四十卷之多，真的「不無小異」。可見王應麟説毋昭裔所取的「大和本」確實是指經傳、經注合一的大和舊寫本，即趙氏、席氏之「大和舊本」和「雍都舊本」，亦即由張參到鄭覃一脈相承的校本。毋氏取大和舊本，校以「雍京石本」，或改或不改，所以和完全取開成石經爲底本的長興雕版本有差異。如果毋昭裔直接取開成石經經文上石，曾宏父就不可能記其「以雍京石本校勘」，晁公武明知其用開成石經經文，則與長興監本所取相同，再組織人員去校勘兩者異同，儘管也有意義，但意義似乎不大，因爲校出的異同也就是兩者在摹寫上石刊刻過程中與唐石經的差異，且無法判定是非。再進一步追究，晁氏之時，唐石經的拓本取用方便，他何以不直接取唐石經拓本去校蜀石經和長興監本，以直接顯示兩者與唐石經的異同是非？其之所以要以蜀石經校長興版，正因爲蜀石經用大和舊寫本，是唐石經的母本，可以追溯雍京石本以前的文字樣貌。所以雍都舊本九經、大和本，都是指鄭覃據以校勘上石的大和舊寫本。

由上所述，蜀石經是毋昭裔取大和時經傳合一的寫本，校以開成石經經文，爲避免開成石經分欄跨碑寫刻的紛亂，采取了單欄帖式的形態刊刻。但由於没有成立一個機構有序的專門管理，校勘、書寫不精，以致頗多紕繆。

蜀石經單欄橫書，經傳兼刻，所以累累千餘石，宋代曾爲專闢石經室以儲。晁公武之後，曾宏父、趙希弁都曾專門述及。及入元之袁桷有詩説「草堂舊詠迷陳迹，石室殘經卧落暉」，則元初石經已圮毁堆積，任餘暉斜照而無人顧及，入明而石不見存，並拓本亦希覯。後人對如此體量的蜀石經之亡佚，有過各種推測，錢大昕認爲亡於蒙元破蜀陷城，近代因清乾隆時福康安修城，掘城址曾獲殘石，二十世紀三十年代在拆除城垣時又發現殘石若干，故馬衡認爲是修築城垣時以爲石料。王天然認爲修築城牆發掘所得殘石數量過少，與成千塊碑石差距太大，指出應考察兩宋成都府學的舊址，可能曾就地掩埋。筆者認爲三種推測都有可能，並不矛盾。蒙元入主中原，世祖於至元十五年(1278)四月庚辰，曾聽許衡建議，「遣使至杭州等處取在官書籍版刻至京師」。有輕便的版片，就不必去搬運笨重的石片。推想戰亂之際，鐵蹄踐踏，石經被推倒摧毁，累累如石丘，故袁桷能親見其堆卧在斜陽之下。石經既然已經凌亂堆積，無法椎拓利用，而修城需要石料，取而用之，就像北魏馮熙、常伯夫先後爲洛州刺史，毁漢魏石經「以修建浮圖精舍」一樣，上下千載，心理相同。石材始終是修築的基礎材料，築城是利在民衆，取用廢棄的石經更屬理所當然。至於發掘所得太少，或當年築城所取不多，則尋找、探勘成都府學舊址，便成爲研究石經者的一種冀望。

二〇二三年十一月

寫於馬一浮書院

概 述

王天然

蜀石經主要包括三個部分，一爲後蜀廣政七年（944）起蜀相毋昭裔於成都主持鐫石的《孝經》《論語》《爾雅》《周易》《毛詩》《尚書》《儀禮》《禮記》《周禮》《左傳》十種儒家經典〔一〕，二爲北宋皇祐元年（1049）田況繼續於益州州學主持刻畢的《公羊》《穀梁》二傳〔二〕，三爲北宋宣和五年（1123）席貢主持鐫刻、六年（1124）終由彭慥完成的《孟子》。南宋乾道六年（1170）晁公武又據吕大防本於成都府學增刻《古文尚書》〔三〕，然晁刻或出於私好，性質與他經不同〔四〕，故本書不以此經爲狹義之蜀石經。

一　蜀石經之刊刻與毀佚

（一）刊刻緣起

《舊五代史》卷四三《明宗紀》載：「（長興三年[932]二月）辛未，中書奏：『請依石經文字刻九經印板。』從之。」〔五〕《册府元龜》卷六〇八載：「後唐宰相馮道、李愚重經學，因言漢時崇儒有三字石經，唐朝亦於國學刊刻。今朝廷日不暇給，無能别有刊立。常見吴蜀之人鬻印板文字，色類絶多，終不及經典。如經典校定，彫摹流行，深益於文教矣。乃奏聞。敕下儒官田敏等考校經注。」〔六〕由此可知後唐時因朝廷日不暇給，並未鐫刻石經，而是將經籍雕版印行，這便是著名的五代國子監刻本。

北宋張俞《華陽縣學館記》云：「惟孟氏踵有蜀漢，以文爲事。凡草創制度，僭襲唐軌。既而紹漢廟學，遂勒石書九經。」〔七〕晁公武《石經考異序》亦載：「趙清獻公《成都記》：僞蜀相毋昭裔捐俸金取九經琢石于學宮。」〔八〕則時至後蜀毋昭裔乃將刊刻石經付諸實行。顧永新先生又據張俞説指出「宋人對於孟蜀文化政策之因襲唐朝是很清楚的」〔九〕。後蜀刊立石經或有多種因素，但賡續唐制、規範經

〔一〕《左傳》前十七卷爲孟蜀時刊刻，後十三卷入宋刻畢。

〔二〕益州州學即成都府學，此時成都府降爲益州。

〔三〕詳見南宋曾宏父《石刻鋪叙》卷上所載。吕本當據唐寫本，詳見南宋史繩祖《學齋佔畢》卷三。以晁刻《古文尚書・禹貢》《多士》殘石存字與薛季宣《書古文訓》對讀，可知二者略同；另晁公武《古文尚書序》所舉「曰若」例，亦爲二者關係密切的佐證。説詳王天然《蜀石經著録疏證（上）》，《經學文獻研究集刊》第20輯，上海書店出版社，2018年，第71頁。此前侯金滿先生已指出薛本與晁刻底本相同，因現存晁刻十分有限，暫以二者具有密切關係。請參侯金滿《〈三體石經與〈書古文訓〉隸古定文字來源問題初探——以〈尚書・君奭〉經文之比較爲中心》，《經學文獻研究集刊》第13輯，上海書店出版社，2015年；後收入虞萬里主編《七朝石經研究新論》，上海書店出版社，2019年，第216—217頁。

〔四〕龐石帚《跋晁刻〈古文尚書〉》云「《筆記》又謂：『荆公《字説》，余生平惟見王瞻叔參政篤好不衰，每相見必談《字説》……其次晁子止侍郎亦好之。』知其被服儒雅，而天性嗜奇，宜乎有古文之刻也」。詳見龐俊著，白敦仁纂輯，王大厚校理《養晴室遺集》，成都：巴蜀書社，2013年，第380頁。晁氏增刻《古文尚書》蓋出於嗜奇好古的趣味，既無法與石經源頭之熹平石經正定經文的動機類比，也不同於廣政、皇祐、宣和蜀地官方刊刻石經。乾道四年（1168）子止以敷文閣待制爲四川安撫制置使兼知成都府；六年三月以公武、王炎不協，罷制置司歸宣撫司；五月則有《古文尚書》之刻；八月即以敷文閣直學士降授左朝請大夫，除淮南東路安撫使兼知揚州。詳見孫猛《郡齋讀書志校證》附録一《晁公武傳略》，上海古籍出版社，1990年，第1280、1285、1288頁。《古文尚書序》又云「因得此古文全編於學官，迺延士張㚟倣吕氏所鏤本書丹刻諸石」，刊刻此經雖利用了成都府學的資源，但仍應視爲晁公武政治失意之時出於私好的個人行爲。

〔五〕（宋）薛居正等撰《舊五代史》，點校本二十四史修訂本，北京：中華書局，2016年，第676頁。

〔六〕（宋）王欽若等編《宋本册府元龜》，北京：中華書局，1989年，第1873—1874頁。文中所謂漢「三字石經」，或沿襲范曄《後漢書》誤説。

〔七〕（宋）袁説友等編，趙曉蘭整理《成都文類》，北京：中華書局，2011年，第606—607頁。文中「九經」之稱乃沿襲唐以來的習慣。

〔八〕晁序存於范成大《石經始末記》中，范記載明楊慎《全蜀藝文志》卷三六、曹學佺《蜀中廣記》卷九一。

〔九〕顧永新《蜀石經續刻、補刻考》，《儒家典籍與思想研究》第3輯，北京大學出版社，2011年，第173頁。

文，應是最爲重要的原因。

（二）刊刻過程

南宋曾宏父《石刻鋪叙》「益郡石經」條載〔一〕：

《孝經》一册二卷。序四百三十九字，正經一千七百九十八字，注二千七百四十八字，孟蜀廣政七年三月二日，右僕射毋昭裔以雍京石本校勘，簡州平泉令張德釗書，鎸工潁川陳德謙。

《論語》三册十卷。序三百七十二字，正經一萬五千九百十三字，注一萬九千四百五十四字，廣政七年四月九日，校、書、鎸姓名皆同《孝經》。

《爾雅》一册二卷。不載經注數目，廣政七年甲辰六月，右僕射毋昭裔置，簡州平泉令張德釗書，鎸者武令昇。

《周易》四册十二卷，又《略例》一卷。正經二萬四千五十二字，注四萬二千七百九十二字。廣政十四年辛亥仲夏刊石，朝議郎國子《毛詩》博士孫逢吉書〔二〕。

《毛詩》八册二十卷。正經四萬一千二十一字，注十萬五千七百一十九字。將仕郎秘書省秘書郎張紹文書，鎸工張延族。

《尚書》四册十三卷。正經二萬六千二百八十六字，注四萬八千九百八十二字。將仕郎秘書省校書郎周德貞書，鎸工陳德超。

《儀禮》八册十七卷。正經五萬二千八百二字，注七萬七千八百九十一字。

《禮記》十册二十卷。正經九萬八千五百四十五字，注十萬六千四十九字。以唐玄宗所删《月令》爲首〔三〕，《曲禮》次之，亦張紹文書。

《周禮》九册十二卷。正經五萬五百八字，注十一萬二千五百九十五字。將仕郎秘書省秘書郎孫朋古書〔四〕。

《春秋左氏傳》二十八册三十卷。序一千六百一十七字，經傳十九萬七千二百六十五字，注十四萬六千九百六十二字。（蜀鎸至十七卷止。）

曾宏父著録較詳，蓋親見成套蜀石經拓本。據此可知《孝經》《論語》《爾雅》刻於廣政七年，《周易》刻於廣政十四年，《毛詩》、《尚書》、三《禮》雖不書年月，亦當刻於廣政間。《左傳》「蜀鎸至十七卷止」，則該經於孟蜀時書寫，並鎸至十七卷，後十三卷入宋刻畢〔五〕。

曾書又云《公羊》《穀梁》「畢工於皇祐元年己丑九月望日，帥臣樞密直學士京兆郡開國侯田況，益州路諸州水陸轉運使曹穎叔，提點益州路刑獄孫長卿暨倅僉皆鎸銜於石」，另外《孟子》「宣和五年九月帥席貢暨運判彭慥方入石，踰年乃成」。則《公》《穀》二傳爲北宋皇祐元年續成，《孟子》爲宣和六年補成明矣。

〔一〕（宋）曾宏父《石刻鋪叙》卷上，國家圖書館藏清董兆元抄本（善本書號：06605）。此處據董抄本録文，並參劉體乾家抄本，詳見《歷代石經研究資料輯刊》第3册，北京圖書館出版社，2005年，第319頁。

〔二〕董抄本「國子」作「國史」，然「史」上又寫「子」字，並有批語曰：「『子』字從《續筆》。」即洪邁《容齋續筆》「周蜀九經」條所云「《周易》者，國子博士孫逢吉書」，詳見（宋）洪邁撰，孔凡禮點校《容齋隨筆》，北京：中華書局，2005年，第395頁。另，趙希弁《讀書附志》亦載《周易》爲「將仕郎守國子助教臣楊鈞、朝議郎守國子《毛詩》博士柱國臣孫逢吉書」，詳見《昭德先生郡齋讀書志》卷五上《附志》，臺北故宫博物院藏宋袁州刻本，第1A頁。今徑改「國史」爲「國子」。

〔三〕董抄本「玄」字避諱闕末筆。

〔四〕董抄本作「孫朋古」。劉抄本作「孫朋吉」，並録翁方綱語曰「《玉海》作孫朋吉，史容山谷詩注作孫朋古」。按，晁公武《石經考異序》、趙希弁《讀書附志》作「朋吉」，「古」「吉」字近，宋人著録參差。因趙希弁當親見蜀石經拓本，且《附志》有宋刻存世，作「朋吉」者或近於事實。然尚屬推測，今不徑改。

〔五〕蜀石經《左傳》卷十八至卷三十雖爲入宋刻畢，但並非宋人續寫鎸石，完成時間亦不會遲至皇祐元年田況刻成《公羊》《穀梁》之時。此事清翁方綱、錢大昕已辨，詳見王天然《蜀石經著録疏證（下）》，《經學文獻研究集刊》第21輯，上海書店出版社，2019年，第22—24頁。

（三）毀佚時間

從蜀石經著録角度觀察，元人已罕有記述。錢大昕《石經左傳殘字》云：「南宋時蜀石經完好無恙，曾宏父、趙希弁輩述之甚詳，而元明儒者絶無一言及之，殆亡於嘉熙、淳祐以後。」〔一〕錢氏以元明人不言蜀石經，故推測原石亡於南宋理宗嘉熙、淳祐以後，這正是蒙古侵蜀破陷成都的時段，此説頗爲合理。元人羅壽《成都贍學田記》言「成都自丙申蕩于兵，文物泯盡」〔二〕，袁桷七律《送巨德新四川省郎中》亦有「石室殘經卧落暉」句〔三〕，或可作爲當時蜀石經原石已經毀棄的旁證。

另外，《華陽縣志》云：「十七年張獻忠入成都，此自漢傳世歷千餘年，石室遂爲灰燼。然以實考之，禮殿畫壁、石室九經或亦有毀於宋元之際者，不盡由獻忠也。獨獻亂之後，則舊基故跡掃地無餘。」〔四〕似認爲蜀石經的毀佚多少與張獻忠有關，此説需要辨析。明曹學佺《蜀中廣記》卷一載成都府學「諸刻今皆不存，所存者孔門七十二子像，又近時摹宋本」〔五〕，所記當爲曹氏親睹〔六〕。據此可知至遲明萬曆時蜀石經已佚，故原石散亡當與明末張獻忠入蜀無涉。

（四）毀佚原因

蜀石經毀佚之由除宋蒙戰爭這一推測外，還有修城一説。馬衡《晁公武刻古文尚書殘石跋》云：「乃自晁公武、張㚟之後，闃然無聞，僅知明時有《禮記》數段在合州賓館，清乾隆間福康安修城時，有人於城址得殘石數十片而已。其摧毀之時代及其原因，何以毫無記載耶？抗日戰爭初期，余至成都，嘗以此促學術界注意。及成都遭受敵機空襲，疏散市民，拆除城垣缺口多處，以通行人，果得殘石若干片。……然則摧毀原因，或即以修築城垣之故。摧毀之時，或在元代也。」〔七〕此説因抗戰期間於成都老南門城垣發現蜀石經殘石而起，但原石的毀佚是否即因修築城垣之故，目前所知尚不足以支持此説〔八〕。蓋毀於宋蒙戰爭爲一事，毀棄之後部分殘石用爲城墻填充物又爲一事。蜀石經原石主體毀佚於宋蒙戰爭，可能仍是目前最爲合理的解釋。

二　蜀石經之孑遺

蜀石經原石毀佚較早，拓本存世甚罕。目前已知蜀石經孑遺，主要由上海圖書館所藏《毛詩》殘拓，國家圖書館所藏《周禮》、《春秋》三傳殘拓，近代成都出土殘石及其拓片三部分構成。殘石出土時多爲私人收藏，後或歸公藏，或再度湮没，今四川博物院藏有《周易》《尚書》《毛詩》殘石五塊、中國國家博物館藏有

〔一〕（清）錢大昕撰，祝竹點校《潛研堂金石文跋尾》，《嘉定錢大昕全集（增訂本）》第6册，南京：鳳凰出版社，2016年，第269頁。
〔二〕（明）楊慎編《全蜀藝文志》卷三六，國家圖書館藏明萬曆刻本（善本書號：02960），第31B頁。
〔三〕（元）袁桷著，李軍、施賢明、張欣校點《袁桷集》，長春：吉林文史出版社，2010年，第152頁。
〔四〕《華陽縣志》卷二九，國家圖書館藏民國二十三年（1934）刻本（索書號：地280.19/42），第68B—69A頁。
〔五〕（明）曹學佺《蜀中廣記》，國家圖書館藏明刻本（善本書號：02247），第9B—10A頁。
〔六〕曹學佺萬曆中任四川右參政、按察使。詳見（清）張廷玉等撰《明史》卷二八八，北京：中華書局，1974年，第7400頁。
〔七〕馬衡《凡將齋金石叢稿》，北京：中華書局，1977年，第260頁。
〔八〕宋人晁公武曾親見蜀石經原石云「其石千數」，據蜀石經形制初步復原結果判斷，晁説並非修辭性的表述。説詳王天然《蜀石經形制謭識》，《文史》2019年第3輯，第128頁。若因修城毀石，南門城垣附近所出殘石數量過少，尚難支撐此説。而南門城垣，可能也並非蜀石經原石湮没的唯一地點。近年考古發現及圖像史料提供的證據，都提示我們庋藏蜀石經的兩宋成都府學位置後來當有遷移，更多殘石存在就地掩埋於南宋府學遺址的可能性。未來發現蜀石經原石的區域，除城垣遺址外，天府廣場一帶亦具可能。説詳王天然《兩宋以來的蜀石經研究》，《中國史學》第29卷，京都：朋友書店，2019年，第76—77頁。

《儀禮》殘石一塊[一]。另有不見原石之殘拓若干，分藏於公私。今重慶中國三峽博物館所藏拓片，去除重複後凡十三葉，内容涵蓋了全部見於著録的蜀石經殘石。

（一）上海圖書館所藏殘拓

1. 拓本描述

上海圖書館所藏《毛詩》殘拓一册，面板高 37.8 釐米，寬 19.5 釐米，帖芯高 30.3 釐米，寬 14.6 釐米[二]，起自卷一《召南・鵲巢》鄭箋「爵位，故以興焉」，終於卷二《邶風・二子乘舟》尾。拓本最外一層裝具爲藍布書衣，内配楠木書匣，書匣爲側開，正面刻「蜀石經毛詩殘碑　士禮居藏　一册全函」，並有墨筆字跡「乙號中」。拓本錦質面板上有題簽作「蜀石經毛詩殘本　嘉慶十年(1805)七月嘉定錢坫獲觀并題」，後鈐「獻之」朱文方印。此本凡五十一開，第一開置道光二十八年(1848)五月戴熙題記，此兩葉題記爲活葉；第二開爲道光二十八年三月葉志詵題識；第三開爲「藏經箋」副葉，其中似有「反印」痕跡，即文字之水平鏡像，惜不清晰[三]；第四開至第四十四開爲殘拓，共占四十一開，末開左半無字，殘拓實存四十開半；第四十五開至第四十七開爲嘉慶九年(1804)四月李福過録厲鶚、丁敬、趙昱詩及全祖望跋；第四十八開至第四十九開爲嘉慶九年四月黄丕烈題識；第五十開右半爲錢大昕致黄丕烈書札一通，左半爲黄丕烈題詩一首；第五十一開爲黄丕烈嘉慶九年十一月題識。

據黄丕烈嘉慶九年四月題識可知，此册初歸黄氏時猶爲舊裝，覆背俱宋紙，四圍亦用宋皂紙副之，但因蠹蝕破損不得已而重裝，今日所見拓本形態及配套書匣即蕘圃收藏時形成。殘拓每半開皆有朱筆數字即拓本葉號，始「卅一」終「百十一」，葉號中「百」字的寫法頗具特色，作「乛」形。卅二、卅六、卅九、四三、四七、四九、五三、五六、六六、六七、六八、七〇、七一、七五、七六、七七、七九、八一、八二、八三、八八、八九、九三、百一、百三、百六、百八、百九諸葉中有朱筆卜煞符號，另殘拓中間有朱點、黄圈等符號以及朱筆改字，皆爲古人校讀痕跡。

殘拓中還遺有數字之刻字。如葉卅七 221 行小字「以」上端尚存刻字「八」，蓋「六」之殘形；222 行大字「之」上端尚存刻字「乚」，蓋「七」之殘形。葉五〇小字「裯」上端似有刻字「九」。葉五六 333 行小字「色」上端尚存刻字「丁」，蓋「十」之殘形。葉六八 407 行小字「初」上端尚存刻字「丁」，該字後似有「一」，蓋「十一」之殘形。葉六九 409 行大字「土」上端尚存刻字「┼二」，蓋「十二」之殘形。葉七四 444 行小字「兵」上端尚存刻字「十二」。葉八一 482 行大字「不」上端尚存刻字「四」，蓋「十四」之殘形。葉八七 519 行小字「當」上端尚存刻字「ㄎ」，大字前「我」右側尚存刻字「十ヨ」，蓋皆「十五」之殘形。葉九三 556 行小字「爲」上端尚存刻字「六」，小字「不來」右側亦存刻字殘筆，蓋皆「十六」之殘形。葉九九 592 行大字「聾」上端尚存刻字「六」，蓋「十六」之殘形。葉百五 630 行小字後「止」上端尚存刻字「十八」。這些數字當爲原石編號，乃製作拓本時未被裁去者，是考察蜀石經形制的重要綫索。此外，帖芯内部非左右、中間邊緣之剪裱拼接痕跡，也可爲推斷原石形制提供依據。

[一] 近代所出殘石中還有《古文尚書》殘石一塊(現藏四川博物院)、《毛詩》重言殘石兩塊(現藏地不明)，前人或將《古文尚書》歸爲蜀石經，或疑《毛詩》重言殘石即南宋張㚖所撰《石經注文考異》。本書既不以前者爲狹義之蜀石經，理由已見上文；也不以後者爲《石經注文考異》，原因詳見書内録文部分説明。

[二] 《毛詩》原拓請本書責任編輯郭沖、虞桑玲二位老師代檢，測量使用軟尺，帖芯據殘拓首開右半葉實測。

[三] 陳鱣嘉慶九年十二月爲吴騫《蜀石經毛詩攷異》題記云「今歸吴中黄君紹甫，裝以藏經箋，函以香柟木」，今日之楠木書匣及「藏經箋」副葉蓋陳氏當日所見者。詳見《歷代石經研究資料輯刊》第 8 册，北京圖書館出版社，2005 年，第 461 頁。

2. 拓本遞藏

清乾隆時《毛詩》殘拓爲錢塘黄樹穀廣仁義學所藏，松石蓋得自京師〔一〕。乾隆七年（1742）臘月此本曾在杭州趙昱家中，嘗爲厲鶚、丁敬、全祖望等人觀賞〔二〕。嘉慶九年（1804）四月長洲黄丕烈從浙省購得，歸黄之前此本經烏程劉桐、王專及仁和魏鉽收藏〔三〕。據張鑑《蜀石經毛詩殘本跋》所云「蜀石經《毛詩》殘本自《鵲巢》首章『之子于歸百兩御之』起，至《邶風・二子乘舟》章止。癸亥冬余還湖州，見於王雪浦處」〔四〕，則嘉慶八年冬此本在王專處時，已由乾隆七年時的二《南》、《邶風》二卷佚去《周南》及《鵲巢》首。拓中還鈐有汪文琛、汪士鐘藏印，黄丕烈舊藏乃汪氏藝芸書舍主要來源之一，則黄氏之後爲汪氏所有，其後又歸嘉善程文榮。1949 年後上海市文物保管委員會徵集自程家，今藏上海圖書館〔五〕。

（二）國家圖書館所藏殘拓

1. 拓本描述

國家圖書館所藏蜀石經殘拓包括《周禮・秋官》《考工記》、《春秋經傳集解・襄公》《昭公》、《春秋公羊經傳解詁・桓公》〔六〕、《春秋穀梁傳・文公》《成公》《襄公》的部分内容，共計拓本七册。此批殘拓爲廬江劉體乾於 1910 年至 1926 年陸續收得，並在 1926 年影印刊布。其後原拓又歸合肥李氏望雲草堂，最後經祁陽陳澄中入藏北京圖書館（今國家圖書館）。此批拓本内部題端、繪畫、題跋等衍生文獻繁多，現主要圍繞殘拓進行描述，其餘僅在容易産生疑問處加以説明。

（1）《周禮・秋官》拓本一册，殘拓起自卷九《序官・蜡氏》鄭注「月令」，終於卷十《掌客職》鄭注「車秉□」。拓本配有藍布書衣，上繡「宋拓蜀石經周禮弟九弟十」及「蘇陸齋」白文正方印。木質面板上有題簽作「宋拓蜀石經周官禮弟九弟十卷　瞿鴻禨爲健之親家題」，面板、底板皆已開裂。此本凡一百零二開〔七〕，第十九開左半至第九十四開爲殘拓，共占七十五開半。殘拓每半開皆有朱筆數字即拓本葉號，始「十」終「百五九」〔八〕，「百」亦寫作「一」。此外，帖芯内部非左右、中間邊緣處間有剪裱拼接痕跡，可爲推斷原石形制提供依據。

〔一〕黄丕烈嘉慶九年四月題識云：「趙詩小注以爲出於黄松石，今卷二有朱文楷書鈐記一方，所云『浙江杭州府武林門外廣仁義學』，至今彼都人士猶有能知爲松石所置者。」拓本所附趙昱詩小注云：「此本僅存二《南》、《邶風》，黄山人松石得之燕京老僧。」

〔二〕清王昶《後蜀毛詩石經殘本》卷尾按語云：「此本嘗於乾隆壬戌臘月之望從廣仁義學攜至城中，趙氏小山堂主人谷林招集厲樊榭、丁龍泓、全謝山諸人共觀。」詳見《歷代石經研究資料輯刊》第 8 册，第 412 頁。而拓本所附李福過録厲鶚詩題「十二月十五日同敬身集谷林南華堂觀蜀廣政石經殘本宋廖瑩中世綵堂刻韓集作」，不言同坐有全氏。李福過録全祖望跋僅言「仁和趙徵士谷林始得其《毛詩》二卷」云云，亦不言與他人共觀。又檢《鮚埼亭集外編》有《跋孟蜀廣政石經》，較拓本所附跋文爲略，但有「偶過趙谷林小山堂，見其蜀本石經《毛詩》」一句，既爲「偶過」，或即一人。詳見朱鑄禹《全祖望集彙校集注》，上海古籍出版社，2000 年，第 1474 頁。故全氏所見之日與厲、丁二人或非一日。

〔三〕拓中鈐有「蠹香樓藏」、「王專印」（環讀）、「雪浦珍藏」諸白文方印，爲劉桐、王專藏印。嘉慶九年，烏程范鍇作《劉疏雨舊有訪書圖屬余題句未就今疏雨云亡余復將作楚游爰賦四絶以誌悲感》，有「六朝南宋著珍藏，茅沈姚潘付蠹香」句，其中「蠹香」即指劉桐。詳見（清）范鍇《苕谿漁隱詩稾》卷一，《清代詩文集彙編》第 480 册，上海古籍出版社，2010 年，第 214 頁。又《南潯鎮志》卷一三載「同時王鑄，原名專，字藴成，號雪浦，監生。亦嗜金石，能詩，工篆隸」。詳見《中國地方志集成・鄉鎮志專輯》第 22 下册，上海書店，1992 年，第 157 頁。另吴騫《蜀石經毛詩攷異序》云：「昨歲予友仁和魏叔子鉽復獲二卷于舊肆。」陳鱣題記亦云：「蜀石經《毛詩》二卷，吾友錢唐魏君禹新客震澤得之苕谿書賈者，復爲一賈以它物易去，今歸吴中黄君紹甫。」詳見《歷代石經研究資料輯刊》第 8 册，第 457、461 頁。

〔四〕（清）張鑑《冬青館乙集》卷六，《續修四庫全書》第 1492 册，上海古籍出版社，2002 年，第 155—157 頁。

〔五〕徐森玉先生曾勾勒蜀石經《毛詩》殘拓遞藏梗概，詳見徐森玉《蜀石經和北宋二體石經》，《文物》1962 年第 1 期，第 9—10 頁。今在徐文基礎之上加以增訂。

〔六〕蜀石經《公羊》殘拓未存書題，然據《毛詩》《周禮》《左傳》《穀梁》殘拓書題皆從唐石經之例，《公羊》書題當作「春秋公羊經傳解詁」，本書從便亦稱「公羊」或「春秋公羊傳」。

〔七〕此處所記爲拓本實際開數。本書對無任何信息之空白葉未加影印，夾有活葉處則將此開及放置活葉後之形態分别影印，故圖版開數與實際開數不盡吻合，以下相同之處不再出注。

〔八〕原拓末半開朱筆葉號作「百五九」，應爲「百六十」。

（2）《周禮・考工記》拓本一册，殘拓起自卷十二《玉人》鄭注「辟男」，終於《匠人》經文「牆厚」。拓本配有藍布書衣，書衣上無文字信息。木質面板上有題簽作「宋拓蜀石經周官禮弟十二卷　何維樸爲健之題」，並鈐「維樸印」白文正方印。此本凡七十八開，第十二開至第三十三開爲殘拓，共占二十二開。殘拓每半開皆有朱筆數字即拓本葉號，始「七四」終「百十九」[一]，「百」寫作「丆」或近於點形。此外，帖芯内部非左右、中間邊緣處間有剪裱拼接痕跡，可爲推斷原石形制提供依據。此本書根處有墨跡（圖一），墨跡落在殘拓及咸豐間吴履敬、吴式訓、馮志沂、孔憲彝、陳慶鏞等人題記部分。字跡筆畫錯開，原序應爲「⑤①④③②⑥」（圖二），重新拼合後可知本作「宋拓蜀石經殘本上」。筆畫錯開處均屬殘拓，則書寫此八字時殘拓順序與今日不同，曾一度混亂，後經重裝理順。

圖一　《周禮・考工記》拓本書根墨跡

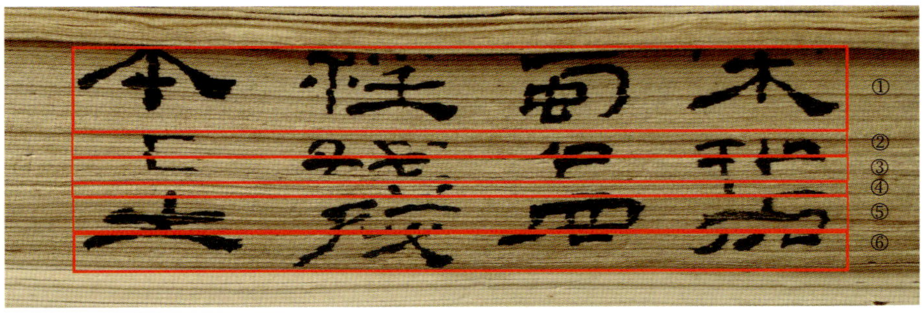

圖二　《周禮・考工記》拓本書根墨跡筆畫錯開

（3）《春秋經傳集解・襄公》拓本一册，殘拓起自《左傳》卷十五首，終於卷十五尾，内容爲襄公十年至十五年經傳及杜注。拓本配有藍布書衣，上繡「宋拓蜀石經左傳弟十五」及「蜀石經齋」白文正方印。木質面板上有題簽作「宋拓蜀石經春秋左氏傳弟十五卷　瞿鴻禨爲健之親家題」。此本凡八十二開，第十開至第六十三開右半爲殘拓，共占五十三開半。殘拓每半開皆有朱筆數字即拓本葉號，始「一」終「百七」，「百」亦寫作「丆」或近於點形。此外，卷首上部鈐「東宫書府」朱文正方印，印面内框高寬均爲5.1釐米[二]。

（4）《春秋經傳集解・昭公》拓本一册，殘拓起自《左傳》卷二十昭公二年傳文「子也」，終於「而又何請焉」之「而」字。拓本配有藍布書衣，書衣上無文字信息。木質面板上有題簽作「宋拓蜀石經春秋左氏傳弟二十卷　陳寶琛爲健之老弟題」。此本凡七十開，第三十五開至第三十七開爲殘拓，共占三開。殘拓有兩種朱筆葉號，居下部者始「七二」終「七七」，字跡與其他拓本中葉號相似，當爲原始編號；居上部者始「一」終「六」，字跡明顯有别，當爲獲此三開殘拓者所添。此外，帖芯内部非左右、中間邊緣處間有剪裱拼接痕跡；第二十三開處夾有三紙活葉；第六十六開姚永樸題詩後裝有「金粟山藏經紙」三開，其中尚有抄經時墨筆滲透留下的痕跡，因紙背朝上，故呈「反印」狀態。今能辨出文字若干，似《妙法蓮華經》之文。

（5）《春秋公羊經傳解詁・桓公》拓本一册，殘拓起自《公羊》卷二桓公六年傳文「來也」，終於十五年經文「公會齊」。拓本配有藍布書衣，書衣上無文字信息。木質面板上有題簽作「宋拓蜀石經春秋公羊傳弟二卷　何維樸爲健之題」，並鈐「維樸印」白文正方印。此本凡六十七開，第十七開至第三十五開爲殘拓，共占十九開。殘拓每半開有朱筆數字即拓本葉號，始「百廿四」終「百六十」，

[一] 原拓葉七五後闕一開，故無標作「七六」「七七」之葉。
[二] 因鈐蓋狀態不同，印面外框高寬或有變化，内框高寬則較爲穩定，故測量内框數值。

「百」亦寫作「一」。末開左半殘損，原拓葉號當爲「百六十一」，然今已不可見。此外，帖芯内部非左右、中間邊緣處間有剪裱拼接痕跡，可爲推斷原石形制提供依據。此本書根處亦有墨跡，作「宋拓蜀石經殘本下」（圖三）[一]。

（6）《春秋穀梁傳・文公》《成公》《襄公》拓本一册，包括《穀梁》卷六文公元年半開，起自文公卷首，終於元年經文「來會葬」；卷八成公元年至二年三開半，起自成公卷首，終於二年傳文「舉其」；襄公二十六年至二十七年兩開，起自二十六年經文「公會」，終於二十七年注文「惡也」。此册無書衣，木質面板上有題簽作「宋拓蜀石經春秋穀梁傳弟八弟九卷　陳寶琛爲健之老弟題」，並鈐「弢盦」朱文正方印。此本凡三十二開，第五開右半、第七開至第十開右半、第十一開至第十二開爲殘拓，共占六開。三種《穀梁》殘拓有朱筆數字即拓本葉號，文公殘拓標朱筆葉號「一」；成公殘拓朱筆葉號始「一」終「七」；襄公二十六年至二十七年殘拓朱筆葉號始「百廿四」終「百廿六」，「百」亦寫作「一」，末開左半殘損，原拓葉號當爲「百廿七」，然今已不可見。此外，文公、成公卷首上部皆鈐「東宮書府」朱文正方印，印面内框高寬均爲 5.1 釐米；帖芯内部非左右、中間邊緣處亦有剪裱拼接痕跡；拓本首尾第一、二、三十一、三十二開裝有「藏經箋」，其中亦有墨筆滲透留下的痕跡。

圖三　《公羊・桓公》拓本書根墨跡

（7）《春秋穀梁傳・襄公》拓本一册，殘拓起自《穀梁》卷九襄公十八年經文「晉侯」，終於十九年經文「侵齊，至」。拓本配有藍布書衣，上繡「宋拓蜀石經穀梁弟九」及「石經厂」朱文正方印。木質面板上有題簽作「宋拓蜀石經春秋穀梁傳弟九卷　瞿鴻禨爲健之親家題」。此本凡八十八開，第十六開至第十七開爲殘拓，共占兩開。殘拓每半開皆有朱筆數字即拓本葉號，始「百二」終「百五」，「百」亦寫作「一」。第十八開右半附「廿四」二字墨拓殘片。

另外，此批劉體乾舊藏拓本中還有劉氏搜集之陳宗彝刻本《蜀石經殘字》一册、自作之《蜀石經題跋姓氏録》一册。前者配有藍布書衣，書衣上無文字信息，木質面板上有題簽作「陳氏木刻蜀石經　戊午（1918）十二月爲健之老同年題　弟章梫」。此本凡五十七開，蓋劉體乾欲與其他殘拓相配，將道光時陳宗彝據摹寫本刊刻之蜀石經《毛詩》《春秋經傳集解・昭公》拆開改裝[二]。第二開左半書簽作「石經殘本　鈕樹玉題」，「石」上或殘去「蜀」字，存世陳刻本中多不見此簽。後者無書衣，木質面板上有題簽作「蜀石經題跋姓氏録」，據字跡判斷應爲劉健之自署。此本凡二十四開，包括「蜀石經題跋各家姓氏録」「蜀石經觀款各家姓氏録」「蜀石經題簽署首各家姓氏録」「蜀石經齋圖各畫家姓氏録」，題跋姓氏録又分「乾隆五十二年（1787）至宣統二年（1910）」「宣統辛亥年（1911）起」兩段著録。綜上，國家圖書館所藏劉體乾舊藏蜀石經拓本七册，另附《陳氏木刻蜀石經》一册、《蜀石經題跋姓氏録》一册，拓本及附册形態皆劉氏收藏時形成。今實測各本面板、帖芯高寬之數[三]，列表一如下。

[一] 圖一至圖三爲 2023 年 9 月於國家圖書館閲覽原拓時拍攝。圖二在原圖基礎上有所加工，紅框僅作示意，並非精準分層。

[二] 陳宗彝於《毛詩》殘字後云「茲從陽城張古餘夫子假得《毛詩》殘字一册，迺吴門黄氏抄本」，於《左傳・昭公》殘字後又云「茲從車秋舲處得《左傳》殘字」。言《昭公》殘字得自車持謙，與其父陳繼昌道光六年《重刊蜀石經殘本叙》所謂「並從善化唐陶山先生訪得家樹華所藏《左傳》殘字附刊於後」稍異。今以陳刻本與原拓對勘，有異文若干，陳氏所據恐非原拓，蓋得自車氏之摹寫本。

[三] 本次測量使用軟尺，帖芯一般取殘拓起始之半開測量，若第一個半開已損，則取第二個半開測量。

表一　國家圖書館藏蜀石經拓本及附册高寬表

序號	拓本及附册名稱	面板高寬	帖芯高寬
1	《周禮・秋官》	34.1 cm,15.1 cm	29.6 cm,13.6 cm
2	《周禮・考工記》	35.5 cm,17.8 cm	30.2 cm,15.3 cm
3	《左傳・襄公》	34.1 cm,15.3 cm	29.8 cm,14.4 cm
4	《左傳・昭公》	33.4 cm,20.1 cm	29.5 cm,16.6 cm
5	《公羊・桓公》	35.6 cm,17.8 cm	30.2 cm,14.2 cm
6	《穀梁・文公》《成公》《襄公》	35.3 cm,18.6 cm	《文》29.4 cm,13.6 cm 《成》29.9 cm,14.1 cm 《襄》29.9 cm,14.1 cm
7	《穀梁・襄公》	34.1 cm,15.4 cm	30.1 cm,13.2 cm
8	《陳氏木刻蜀石經》	33.5 cm,19.9 cm	
9	《蜀石經題跋姓氏録》	34.1 cm,15.4 cm	

2. 拓本遞藏

(1)《周禮・秋官》殘拓、《左傳・襄公》殘拓、《穀梁》襄公十八年至十九年殘拓，經楊繼振、張度、李希聖、陶森甲/劉毅、劉體乾等人遞藏。

楊繼振《蜀石經春秋經注攷異》稿本原封大字題「蜀石經左氏傳校勘記」，又小字云「『穀梁卷九傳注攷异』附後，此記易名『蜀石經春秋經注攷异』，因阮氏有校勘記，故易此」，並題「庚申(1860)八月十九日起，九月四日訖，石經厂隨筆」。內頁題「續又得《周禮》殘傳二卷，《穀梁》殘傳一册，改顏巖居曰『庁政三石經厂』」〔一〕。可見楊繼振先得《左傳・襄公》殘拓，後得《周禮・秋官》《穀梁・襄公》殘拓。

又據《左傳・襄公》拓本所附張錫庚、張德容、沈兆霖、朱學勤、葉名澧等人題跋、題詠，可知咸豐七年(1857)左右此殘拓曾爲京師式古堂書坊主人收藏。咸豐庚申冬月張恩澍《蜀石經春秋經注攷異》題記云「又雲先生癖嗜金石文字，知此册在某賈處，竭力購之，居奇不輕售。海氛弗靖，畿垣告警，賈利腰纏，於是斯册乃歸星鳳堂中」〔二〕，則咸豐十年(1860)楊繼振得《左傳・襄公》殘拓於京師某賈，或即式古堂主人。另，此本第二開右半上部鈐有「鄭親王章」朱文正方印，吳檢齋云「此册清咸豐六、七年間，爲鄭親王□□所藏，後歸大興鄭世允」〔三〕。何紹基於咸豐七年秋見此册，稱爲鄭世允藏本〔四〕，這一時間與式古堂收藏時間重合，據目前所知尚難確定鄭世允與式古堂主人是何種關係。故此本歸楊繼振之前，或經鄭親王端華、鄭世允/式古堂主人收藏。

宣統三年(1911)四月，吳慶坻作《蜀石經春秋左傳卷十五宋拓殘本舊藏吳興張叔憲所今歸劉健之觀察體乾携來長沙爲題二絶》云「抱蜀堂中長物三，廿年塵夢憶宣南。期君莫靳官泉布，劍合延津侈美談」，並自注言「吳興張叔憲藏蜀石經《春秋左傳》及《穀梁傳》《周禮》凡三册，壬辰(1892)在嬾眠胡同抱蜀堂中展讀竟日」〔五〕。癸亥(1923)七月，吳慶坻之子吳士鑑又爲劉體乾題詩云「抱蜀無言謹護儲，幾同三篋得亡書。湘中二妙皆躭古，手裒縑囊刼火餘」，並自注言「張辟非藏蜀石經《周禮》《左傳》《穀梁》爲楊幼雲石箏館物，辟非自號抱蜀老人。……庚子(1900)之亂老人所藏流入廠肆，爲李亦元、陳詒重二君所得，旋均歸入君齋」〔六〕。可知楊繼振舊藏蜀石經三種，曾歸張度抱蜀堂，又經李希聖等人之手，終歸劉體

〔一〕詳見(清)楊繼振《蜀石經春秋經注攷異》，復旦大學圖書館藏稿本(索書號：3091)。按，「庁」當「廣」字。
〔二〕據復旦大學圖書館藏楊繼振《蜀石經春秋經注攷異》稿本録文。
〔三〕吳檢齋《蜀石經考異叙録》，《努力學報》1929年創刊號，第5頁。
〔四〕詳見蜀石經《左傳・襄公》拓本第三開，《左傳・昭公》拓本第三十六開。並參(清)何紹基《東洲草堂詩鈔》卷一九《題鄭氏世允藏蜀石經左傳殘本》，《續修四庫全書》第1529册，第6頁。
〔五〕詳見蜀石經《左傳・襄公》拓本第七十六開。此題據(清)吳慶坻《補松廬詩録》，《清代詩文集彙編》第770册，第306頁。
〔六〕詳見蜀石經《左傳・昭公》拓本第十八開。

乾。此外，《穀梁・襄公》拓本中又存有瞿鴻機電報與題記，劉體乾題記〔一〕，故大體可知劉氏收購李希聖舊藏始末，其中《左傳・襄公》殘拓劉體乾於 1910 年得自陶森甲，1911 年《周禮・秋官》《穀梁・襄公》殘拓亦由陳毅歸劉氏。

(2)《周禮・考工記》殘拓，《公羊・桓公》殘拓，經陳慶鏞、吳履敬吳式訓昆仲，劉體乾等人遞藏。

潘祖蔭題跋憶及咸豐二年(1852)八月，曾於陳慶鏞齋中「見《周禮》《公羊》殘本」〔二〕。同年冬，馮志沂題記云「吳甥敬之兄弟携此蜀石經殘刻相眎，一爲《春秋公羊傳》，一爲《周禮・冬官・攷工記》」〔三〕。《周禮・考工記》《公羊》拓本中又各有陳慶鏞題記〔四〕，均作於咸豐二年十二月。咸豐四年鄭復光題記云「咸豐四年秋閏月初七日，吳氏昆中出宋拓《□□》《周禮》石經蜀本見示」〔五〕，咸豐七年九月何紹基亦爲吳氏昆仲作《吳子肅子迪兄弟屬題宋拓蜀石經周禮經注共六千五百餘字爲册廿二葉公羊傳並注共五千一百餘字爲册十九葉周禮孟氏刻公羊傳宋補刻也賢昆玉攷訂同異甚核爲作詩得四十韻》〔六〕，則《周禮・考工記》殘拓，《公羊・桓公》殘拓咸豐間藏於陳慶鏞，吳氏昆仲處。前述此二册拓本書根處均有墨跡，《考工記》墨跡筆畫雖錯開，但仍可判定與《公羊》墨跡體例，筆跡一致，當爲一人所書。又據劉體乾題記「壬子(1912)正月又收得《周禮》卷十二，二十二葉；《公羊》卷二，十九葉，即陳頌南舊藏也」〔七〕，可知兩本於 1912 年歸劉氏。

(3)《左傳・昭公》殘拓經沈剛中、陳樹華、唐仲冕、梁章鉅、楊廷傳、力鈞、劉體乾等人遞藏。

陳樹華《春秋經傳集解考正・論例》云「乾隆三十九年(1774)四月朔，蘆墟沈剛中示余蜀石經《左傳》六紙。……昭二年傳『夫子君子也』下子字起，至『而又何請焉』而字止」〔八〕，翁方綱《跋蜀石經殘本》言「予昔聞芳林得此於蘆墟沈剛中氏，凡六紙，渴思一見而未得遂」〔九〕，則陳樹華得《左傳・昭公》殘拓於沈剛中。

段玉裁《跋黄蕘圃蜀石經毛詩殘本》載「南歸後寓居姑蘇閶門外，於故友陳芳林樹華家見蜀石經《左傳》數百字，錢曉徵少詹事録諸《潛揅堂金石跋尾》，今爲唐陶山刺史物者是也」〔一〇〕，據此可知此本嘉慶間曾歸唐仲冕。梁章鉅《蜀石經左氏傳殘本册》又言「幸歸余篋，因重加裝治」〔一一〕，《左傳・昭公》拓本第四十二開梁氏所題即此詩，唯文字有所出入，落款作「道光辛卯冬季重裝畢題此」，則此本道光十一年(1831)又轉歸梁氏，且經重裝。陳宗彝刻本《左傳・昭公》殘字所據雖非原拓，然「吾聞」後空一行，尚未將下葉第一行提行，反映的可能是重裝前的拓本面貌(圖四)。

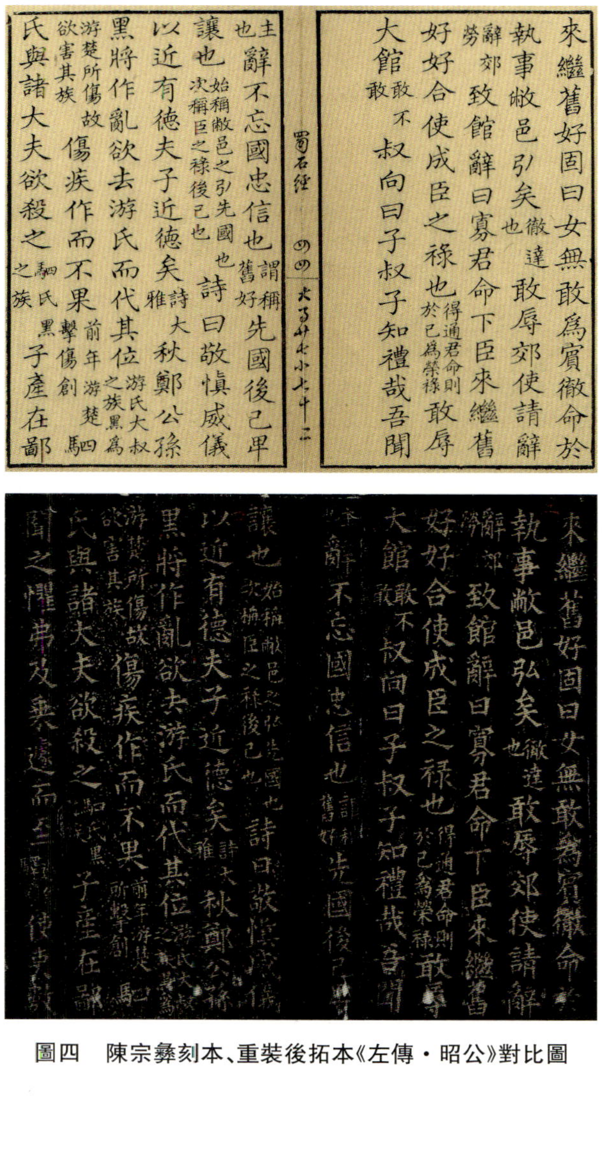

圖四　陳宗彝刻本、重裝後拓本《左傳・昭公》對比圖

〔一〕詳見《穀梁・襄公》拓本第二十二、二十五、二十六、三十、三十一開。
〔二〕詳見蜀石經《左傳・襄公》拓本第七十四開。
〔三〕詳見蜀石經《周禮・考工記》拓本第三十六開。
〔四〕詳見蜀石經《周禮・考工記》拓本第三十七開、《公羊・桓公》拓本第三十八開。
〔五〕詳見蜀石經《公羊・桓公》拓本第三十八開，原件「宋拓」後有蟲蛀痕跡，所闕蓋「公羊」二字。
〔六〕詳見蜀石經《周禮・考工記》拓本第六至第七開，此題據(清)何紹基《東洲草堂詩鈔》卷一九，《續修四庫全書》第 1529 册，第 4 頁。
〔七〕詳見蜀石經《穀梁・襄公》拓本第三十一、三十二開。
〔八〕(清)陳樹華《春秋經傳集解考正》，《續修四庫全書》第 142 册，第 7—8 頁。
〔九〕(清)翁方綱《復初齋文集》，《續修四庫全書》第 1455 册，第 502 頁。
〔一〇〕(清)段玉裁《經韵樓集》，《續修四庫全書》第 1434 册，第 575 頁。
〔一一〕(清)梁章鉅《退庵詩存》，《續修四庫全書》第 1499 册，第 614 頁。

另劉體乾題記云「陳芳林所藏《左傳》三十五行，戊午(1918)十月陳弢庵太保爲之作緣歸余」[一]，則此本歸劉乃1918年陳寶琛作緣。據1919年弢庵題記「此册爲楊甘州廷傳所藏，文襄留觀累月，撫晉行前一夕始題而還之。比余再至都，則已歸力農部鈞。吾友劉健之觀察既有《周禮》、三《傳》諸册，都四萬六千四百餘字，聞予言亟力致，自是孟蜀殘刻幾盡爲君有矣」[二]，可知此本歸劉之前又經楊廷傳、力鈞收藏。

(4)《穀梁》文公元年、成公元年至二年、襄公二十六年至二十七年殘拓，經彦德/羅振玉、劉體乾等人遞藏。

1925年劉體乾題記載「右宋皇祐田況補刻《春秋穀梁傳》弟八弟九卷，存經注九百四十二字，本内閣大庫物，後歸滿洲彦悳君。余習聞之，今年託朱君幼平以重價買得」[三]。1926年羅振玉《蜀石經春秋穀梁傳文公第六殘葉跋》又云「予此本得之大庫殘籍中。先是滿洲某君亦得《穀梁》殘卷數十行于内閣大庫，健之先生既已重金購致，擬寫影以傳之，移書乞此五行，因題後以歸之」[四]。故可知民國間内閣大庫所出蜀石經《穀梁・成公》《襄公》殘拓曾藏彦德處，《文公》殘拓曾藏羅振玉處，分别於1925年、1926年歸劉。

綜上，劉體乾搜集蜀石經，以1910年由陶森甲得《左傳・襄公》殘拓，1911年由陳毅得《周禮・秋官》、《穀梁》襄公十八年至十九年殘拓爲起始。此三册皆爲楊繼振舊藏，劉氏先得《左傳》《周禮》，而《穀梁》因故一時未得，瞿鴻禨爲之調停，終亦歸劉。此三册面板均由瞿氏題簽，蓋緣此之故。三種拓本高寬基本一致，《蜀石經題跋姓氏録》尺寸仿之，詳見表一中以白色底紋標識者。1912年劉體乾得《周禮・考工記》《公羊・桓公》殘拓，此二册爲陳慶鏞、吴氏昆仲舊藏，何紹基曾爲吴氏題識，故劉體乾又請何維樸於面板題簽。二者高寬基本一致，詳見表一中以藍色底紋標識者。1918年由力鈞得《左傳・昭公》殘拓，乃陳寶琛作緣，故此册面板爲弢庵題簽。《陳氏木刻蜀石經》尺寸仿該本，或因陳宗彝刻本中亦有《左傳・昭公》，詳見表一中以橙色底紋標識者。最後，1925年劉體乾由彦德收《穀梁》成公元年至二年、襄公二十六年至二十七年殘拓，1926年由羅振玉得《穀梁》文公元年殘拓。三者裝爲一册，又請陳寶琛題簽，而尺寸與他本皆異，詳見表一中以紅色底紋標識者。

3. 拓本來源及年代

由上文拓本描述可知，目前分藏上海圖書館、國家圖書館的蜀石經《毛詩》、《周禮》、《春秋》三傳拓本均有朱書葉號，有些葉號如「百」字的書寫特徵相似，諸本當同源。且《左傳》襄二第十五卷首、《穀梁》文公第六卷首、《穀梁》成公第八卷首上部均鈐有「東宫書府」篆文印，故知國圖所藏《左傳》《穀梁》拓本確曾共藏一處。另外，丁敬《雪中集南華堂趙谷林兄弟出觀蜀廣政石經毛詩殘本宋廖瑩中世綵堂刻韓集作》詩中有「中間古印辨不真」一句[五]，今檢《毛詩》拓本並無「辨不真」之「古印」。而「東宫書府」印篆體特殊，習稱「九疊文」，字形辨識確實存在一定難度，正符合丁詩的描述。據此推測，丁敬所見「古印」當鈐蓋於《周南》卷首，此部分後又佚失，故今不可見。若果真如此，則亦可佐證現分藏南北的《毛詩》《左傳》《穀梁》殘拓來源一致。

進一步考察「東宫書府」，當爲明懿文太子藏印。趙萬里先生爲宋刻本《國語解》《春秋經傳》撰寫説明時曾指出，鈐有此印之兩書「當是元時官書，明太祖滅元

[一] 詳見蜀石經《穀梁・襄公》拓本第三十二開。
[二] 詳見蜀石經《左傳・昭公》拓本第四十六開。
[三] 詳見《穀梁・文公》《成公》《襄公》拓本第十三開。
[四] 羅振玉此文在《穀梁》文公元年殘拓五行後，今據羅氏《後丁戊稿》録題。詳見羅振玉著，羅繼祖、王同策編《羅振玉學術論著集》第十集，上海古籍出版社，2010年，第677頁。
[五] (清)丁敬《硯林詩集》，《清代詩文集彙編》第276册，第290頁。亦可參李福過録之丁詩，詳見蜀石經《毛詩》拓本第四十六開。

得之，以貽懿文太子者」〔一〕。此説既點明「東宮書府」印之所屬，又推測了鈐有此印之書的淵源，據此或可將現存蜀石經殘拓的來源上推至元内府〔二〕。至於明正統《文淵閣書目》及萬曆、崇禎兩部《内閣藏書目録》中著録之蜀石經拓本，當即懿文太子所藏者。大約在明萬曆間，一綫單傳之蜀石經拓本開始由内府散出〔三〕，入清之後殘拓流轉情況已見上文。

目前上海圖書館以蜀石經《毛詩》爲宋拓本，國家圖書館則以所藏爲宋、元拓本之合璧〔四〕。結合上文對蜀石經原石毁佚時間的推測，國圖藏本或可進一步明確爲宋拓本。

（三）近代成都出土殘石及其拓片

1938年因日軍空襲，成都拆除城垣以便市民疏散，陸續於老南門發現蜀石經殘石若干。相關情況，江鶴笙、江友樵、羅希成、陳達高、王利器、馬衡、周萼生等人有説。周氏云1938年於成都南門外發現殘石約十片左右，江鶴笙得其半數以上〔五〕。據鶴笙子友樵所述，其父曾獲藏九塊，以「孟蜀石經樓」顔其居〔六〕。江鶴笙又云當日所得《毛詩》不止一石，有一石因故失去，爲黄希成所得，後歸前川西文教廳，今屬四川省博物館〔七〕。此石當即羅希成捐獻、現藏四川博物院之《毛詩・周頌》《魯頌》殘石。而羅氏言該石爲舊僕劉某得於黔中，1939年春獲贈〔八〕。可見江、羅二説不能密合，至少此石的流傳過程尚存闕環〔九〕。然陳達高言《尚書・説命》《君奭》殘石「出土於成都之南門，知者無人，函川大竟不覆，輾轉歸余」〔一〇〕，則成都老南門作爲蜀石經出土地，當無問題〔一一〕。

此批殘石及其拓片見於著録者有：《周易》殘石兩塊拓片四葉，一石一面刻《履》、一面刻《泰》《否》（圖五），一石兩面均刻《中孚》（圖六），原石皆爲江鶴笙舊藏現藏四川博物院；《尚書》殘石兩塊拓片三葉，一石單面刻《禹貢》（圖七），一石一面刻《説命》、一面刻《君奭》（圖八），前者爲江鶴笙舊藏，後者爲陳達高舊藏，現均藏四川博物院；《毛詩》殘石兩塊拓片四葉，一石一面刻《鄭風》之《叔于田》《大叔于田》、一面刻《曹風》之《鳲鳩》《下泉》，一石一面刻《周頌》之《桓》《賚》、一面刻《魯頌》之《駉》（圖九），前者爲江鶴笙舊藏現藏地不明〔一二〕，後者爲羅希成舊藏現藏四川博物院；《儀禮》殘石一塊拓片兩葉，兩面均刻《特牲饋食禮》（圖十），原石

〔一〕詳見北京圖書館編《中國版刻圖録》第1册，北京：文物出版社，1960年，第13、16頁。趙萬里先生於「東宮書府」印雖早有清晰認識，然王國維先生宋印説影響甚大，至今仍有沿襲王氏誤説者。此問題可參張學謙《蜀石經拓本所鈐「東宮書府」印非宋内府印辨》，《圖書館雜誌》2014年第9期，第109—112頁；王天然《蜀石經拓本所鈐「東宮書府」印補説》，《版本目録學研究》第7輯，北京大學出版社，2016年，第445—450頁。

〔二〕現存蜀石經拓本甚至可能來自更早的内府收藏，但不能以「東宮書府」印爲證據。

〔三〕詳見王天然《蜀石經著録疏證（上）》，第86頁。

〔四〕詳見上海圖書館編著《上海圖書館善本碑帖綜録》卷二，上海書畫出版社，2017年，第954頁；中國國家圖書館編著《中國國家圖書館善本碑帖綜録》卷上，上海書畫出版社，2020年，第355頁。

〔五〕詳見周萼生《近代出土的蜀石經殘石》，《文物》1963年第7期，第46頁。

〔六〕詳見江友樵《口述自傳》，《中華書畫家》2016年第8期，第48頁。

〔七〕周萼生引江鶴笙説如此，李志嘉、樊一云黄希成即羅希成。詳見周萼生《近代出土的蜀石經殘石》，第46頁；李志嘉、樊一《蜀石經述略》，《文獻》1989年第2期，第217頁。

〔八〕詳見重慶中國三峽博物館所藏《毛詩・周頌》《魯頌》殘拓之羅希成題識。

〔九〕李志嘉、樊一認爲若羅氏所述可信則可證劉燕庭所記不虚，若江氏所述可信則此石不出黔中，乃抗戰初出成都老南門城垣。按，羅説似有附會劉燕庭所記「任令貴州人，罷官後原石輦歸黔中矣」之嫌。另，駱陸文猜測此石爲貴陽二四轟炸後所發現，並無更多證據，恐非事實。詳見李志嘉、樊一《蜀石經述略》，第218頁；（清）錢大昕《竹汀先生日記鈔》卷二，劉喜海批注，國家圖書館藏何元錫夢華館刻本（善本書號：02520），第7B頁；駱陸《黔中拾得之一：蜀石經殘石》，《西南公路》1943年第254期，第1255頁。

〔一〇〕詳見重慶中國三峽博物館所藏《尚書・説命》《君奭》殘拓之陳達高題識。

〔一一〕但此處可能並非蜀石經原石湮没的唯一地點。

〔一二〕然尹建華、曾如實《四川五代石刻考察記》著録該石云「高32、寬23、厚7釐米。此石一面刻《鄭風》；一面刻《曹風》。今存重慶市博物館」。詳見成都三建墓博物館編《前後蜀的歷史與文化——前後蜀歷史與文化學術討論會論文集》，成都：巴蜀書社，1994年，第150頁。另成都永陵博物館陳列中有此石複製品，展品説明亦云「原件藏重慶中國三峽博物館」。兩條綫索指向一致，原石可能並未佚失。

爲陳儉十舊藏，後歸重慶市博物館，現藏中國國家博物館[一]。綜上，見於著録之蜀石經殘石共計四經七石，得拓片十三葉[二]。

圖五　《周易・泰》《否》殘石

圖六　《周易・中孚》殘石

圖七　《尚書・禹貢》殘石

圖八　《尚書・君奭》殘石

圖九　《毛詩・魯頌・駉》殘石

圖十　《儀禮・特牲饋食禮》殘石

三　蜀石經之形制與性質

（一）原石形制

因原石毀佚，傳世殘拓已經割裱，近代所出殘石則過於零碎，故長期以來學界對蜀石經原石形制缺乏清晰認知，確爲蜀石經研究中的疑難問題。本人此前曾選取拓本、殘石均有存世的《毛詩》爲入口，據當時匆匆一觀之上圖《毛詩》拓本葉七四、八七、九三所存原石編號，結合其他已知形制信息，初步復原了《毛詩》原石行數與布局方式；認爲蜀石經《毛詩》原石一面約容37行，單排布局，雙面書刻。又以國博藏《儀禮・特牲饋食禮》殘石加以檢驗，亦推擬出《儀禮》此石一面約容36行、一面約容37行的結果，與《毛詩》原石行數基本一致[三]。

今日再觀上圖《毛詩》拓本高清圖版，於原石編號續有發現，已在上文列出。此外帖芯内部非左右、中間邊緣之剪裱拼接痕跡，也爲推斷原石形制提供了重要依據。如據《毛詩》殘拓184行與185行、221行與222行之間所存拼接痕跡推測，185行至221行所在原石有37行；據221行與222行、295行與296行之間拼接痕跡推測，222行至295行共74行，或兩石之内容，222行至258行爲一石，259行至295行爲一石，258行與259行之間正處於拓本一開中央；據295行與296行、332行與333行之間拼接痕跡推測，296行至332行所在原石有37行；

[一] 圖五至圖九爲2019年1月參觀四川博物院時拍攝，圖十爲2022年9月參觀中國國家博物館時拍攝。

[二] 近年又見未經著録之蜀石經殘石拓片三件，分别爲《進御刪定禮記月令表》殘拓、《御刪定禮記月令》殘拓、《春秋經傳集解・哀公》殘拓，現藏成都濬軒先生處，期待日後還有新的發現。

[三] 詳見王天然《三件未著録蜀石經殘拓考略》，《出土文獻研究》第21輯，上海：中西書局，2022年。

[三] 詳見王天然《蜀石經形制識議》，第113—128頁。

據332行與333行、370行與371行之間拼接痕跡推測，333行至370行所在原石似有38行，然該石跨卷，卷一止於葉五八第四行，第五、六兩行爲空白，由拓本第五行狀態可知原石此行爲空白，而第六行已不屬原拓，蓋卷一、二之間有一行空白，製作拓本時將卷二另起一葉裝裱，若果然如此，則該石可能仍是37行；據370行與371行、407行與408行之間拼接痕跡推測，371行至407行所在原石有37行；據444行處於第十二石末尾、481行與482行之間拼接痕跡推測，445行至481行所在原石有37行；據481行與482行、518行與519行之間拼接痕跡推測，482行至518行所在原石有37行；據518行與519行、555行與556行之間拼接痕跡推測，519行至555行所在原石有37行；據555行與556行、592行與593行之間拼接痕跡推測，556行至592行所在原石有37行；據592行與593行、629行與630行之間拼接痕跡推測，593行至629行所在原石有37行。故再次驗證了舊作中《毛詩》原石行數的結論，另結合葉百五所存原石編號「十八」，可知《毛詩》卷一、卷二即《周南》《召南》《邶風》用石18面。

今又首次得見國圖所藏原拓，也收獲了以往從劉體乾影印本中不易觀察到的信息。如《周禮》拓本中亦有帖芯内部非左右、中間邊緣之剪裱拼接痕跡。據《秋官》殘拓61行與62行、98行與99行之間拼接痕跡推測，62行至98行所在原石有37行；據98行與99行、135行與136行之間拼接痕跡推測，99行至135行所在原石有37行；據135行與136行、172行與173行之間拼接痕跡推測，136行至172行所在原石有37行；據172行與173行、209行與210行之間拼接痕跡推測，173行至209行所在原石有37行；據209行與210行、283行與284行之間拼接痕跡推測，210行至283行共74行，或兩石之内容，210行至246行爲一石，247行至283行爲一石，246行與247行之間正處於拓本一開中央；據283行與284行、320行與321行之間拼接痕跡推測，284行至320行所在原石有37行；據320行與321行、357行與358行之間拼接痕跡推測，321行至357行所在原石有37行；據357行與358行、395行與396行之間拼接痕跡推測，358行至395行所在原石有38行；據395行與396行、469行與470行之間拼接痕跡推測，396行至469行共74行，或兩石之内容，396行至432行爲一石，433行至469行爲一石，432行與433行之間正處於拓本葉間；據469行與470行、505行與506行之間拼接痕跡推測，470行至505行所在原石似有36行，然該石跨卷，蓋卷九、十之間有一行空白，製作拓本時剪去空行，故501行與502行之間亦有拼接痕跡，若果然如此，則該石可能仍爲37行；據505行與506行、542行與543行之間拼接痕跡推測，506行至542行所在原石有37行；據542行與543行、579行與580行之間拼接痕跡推測，543行至579行所在原石有37行；據579行與580行、616行與617行之間拼接痕跡推測，580行至616行所在原石有37行；據616行與617行、653行與654行之間拼接痕跡推測，617行至653行所在原石有37行；據653行與654行、727行與728行之間拼接痕跡推測，654行至727行共74行，或兩石之内容，654行至690行爲一石，691行至727行爲一石，690行與691行之間正處於拓本一開中央；據727行與728行、764行與765行之間拼接痕跡推測，728行至764行所在原石有37行；據764行與765行、801行與802行之間拼接痕跡推測，765行至801行所在原石有37行；據801行與802行、838行與839行之間拼接痕跡推測，802行至838行所在原石有37行；據838行與839行、875行與876行之間拼接痕跡推測，839行至875行所在原石有37行；據875行與876行、949行與950行之間拼接痕跡推測，876行至949行共74行，或兩石之内容，876行至912行爲一石，913行至949行爲一石，912行與913行之間正處於拓本葉間。

據《考工記》殘拓487行與488行、524行與525行之間拼接痕跡推測，488行至524行所在原石有37行；據524行與525行、561行與562行之間拼接痕跡推測，525行至561行所在原石有37行；據561行與562行、598行與599行之間拼接痕跡推測，562行至598行所在原石有37行；據598行與599行、635行與636行之間拼接痕跡推測，599行至635行所在原石有37行；據635行與636

行、709行與710行之間拼接痕跡推測，636行至709行共74行，或兩石之内容，636行至672行爲一石，673行至709行爲一石，672行與673行之間正處於拓本一開中央。由此可見，《周禮》原石行數也與《毛詩》基本一致。

而《左傳》殘拓中罕見此類剪裱拼接痕跡〔一〕，故《左傳》原石行數當爲6之倍數，或即36行，與《毛詩》《儀禮》《周禮》諸經稍異。

又如據《公羊》殘拓659行與660行、691行與692行之間拼接痕跡推測，660行至691行所在原石蓋32行。692行大字「桓公」右側尚存刻字「十□」，蓋「廿四」殘形，當爲原石編號。若以23面容納691行估算，《公羊》每面或在30行左右，行數可能並不整齊劃一。另據691行與692行、724行與725行之間拼接痕跡推測，692行至724行所在原石蓋33行；據724行與725行、759行與760行之間拼接痕跡推測，725行至759行所在原石蓋35行；據759行與760行、793行與794行之間拼接痕跡推測，760行至793行所在原石蓋34行。益可見《公羊》原石行數並不穩定，故有理由懷疑北宋續刻之《公羊》形制與《毛詩》《儀禮》《周禮》《左傳》諸經存在較大差異，而這種差異的形成或由石料情況所決定。

綜上，據目前所知蜀石經《毛詩》《儀禮》《周禮》形制基本一致，原石一面約容三十七行；《左傳》稍異，原石一面可能約容三十六行；《公羊》原石行數可能並不穩定，與廣政間鐫石者存在較大差異。

（二）文本性質

關於文本性質，此前曾分孟蜀石經、宋蜀石經兩類做過初步探索，認爲孟蜀石經大字部分以唐開成石經爲底本而有微異，小字部分除《左傳》外當源自唐五代寫本，《左傳》則很可能利用了五代國子監刊本；宋蜀石經《公羊》所用底本爲蜀刻的可能性較大，《穀梁》底本亦屬監本系統，《孟子》或據北宋監本刻石，似非蜀大字本〔二〕。近年因陸續完成了現存蜀石經的校理及字形表的編製，對此問題有了進一步認識。舊作的討論主要著眼於文本異同，今在此之外更增强了對蜀石經用字特徵的考察。

首先，通過全面校理蜀石經遺文，充分掌握經、注文本的異同情況，得到以下結果〔三〕。《周易》殘石所存經文與唐石經皆同，注文中保留了來源較早的文本。《尚書》殘石所存經文與唐石經皆同，有些經文與敦煌寫本形成對比，注文則有近於敦煌寫本而與後世刻本不同者。《儀禮》殘石所存經文與唐石經皆同，注文與後世刻本相較，存在較爲獨特的異文。《禮記》殘拓所存大字與唐石經皆同，注文與敦煌寫本存在異文。《毛詩》殘拓、殘石經文大多與唐石經一致，雖有不盡相同者，但與敦煌寫本、日本大念佛寺所藏日寫本經文和唐石經之差異相比，異文十分有限；注文與後世刻本相較，則存在大量異文。《周禮》殘拓經文大多與唐石經一致，雖有異文但十分有限；注文與後世刻本相較，則存在大量異文。《左傳》殘拓經文大多與唐石經一致，雖有不盡相同者，但與敦煌寫本、日本宫内廳書陵部所藏日寫本經文和唐石經之差異相比，異文十分有限；注文與敦煌寫本、日寫本相較存在大量異文，而與南宋撫州公使庫本、越州八行本等爲代表的監本系統更爲接近。《公羊》殘拓一方面與撫州本較爲接近，另一方面又有特異之處。而《穀梁》殘拓遺文甚少，異文也有限。

其次，通過編製字形表，考察蜀石經經、注的用字特徵，得到以下結果。孟蜀石經《周易》《毛詩》《尚書》《儀禮》《周禮》《左傳》之經文用字皆有遵循唐石經的現象。注文方面以《五經文字》《新加九經字樣》爲規範用字參照，則《周易》《毛詩》

〔一〕《左傳・昭公》殘拓中帖芯内部非左右、中間邊緣之剪裱拼接痕跡，當是晚近之人重裝殘拓時所爲，與初製拓本時形成的拼接痕跡不同，不具有推測原石形制的意義。
〔二〕詳見王天然《孟蜀石經性質初理》，《中國典籍與文化》2015年第2期，第65—70頁；《宋蜀石經性質蠡測》，《中國典籍與文化》2018年第2期，第4—13頁。
〔三〕這裏僅描述校理工作的整體結果，具體異同實例詳見已發表於《中國典籍與文化論叢》第18、19、22、23、26、27輯的相關文章。

《尚書》《周禮》《左傳》注文用字皆有不規範現象。然以存字較多的《毛詩》《周禮》《左傳》三經相較，前二者不規範用字甚多，《左傳》則爲個別現象。宋蜀石經《公羊》《穀梁》經、注用字有與孟蜀石經明顯不同者，透露出鮮明的時代差異。《公羊》經、注中均有一字多形現象，注文中還偶見不規範用字。

由以上兩方面考察所見，關於宋蜀石經《公羊》《穀梁》的性質，現仍維持舊作中的看法，不再贅言。對孟蜀石經性質的看法也與舊作基本一致，但認識有所豐富、細化。結合文獻記載，宋人以孟蜀石經依「雍都舊本」「太和舊本」即唐石經書刻〔一〕。乾道六年晁公武組織學官以監本校勘蜀石經十三種，僅得異文三百二科〔二〕。除去宋蜀石經三種，孟蜀石經異文爲二百三十科，監本雖非唐石經，但經文乃唐石經一脈，故孟蜀石經與唐石經的異文之數應與此二百三十科大體相當。而孟蜀石經十種經文超過 51 萬字〔三〕，在經文總數面前，孟蜀石經與唐石經的異文體量是微小的。至於二者存在少量差異，也不難理解。一則經籍刊刻需經校勘〔四〕，其中存在有意的改動；一則刊刻過程中無法避免訛誤的産生。故孟蜀石經與唐石經存在異文，和孟蜀石經以唐石經爲依據並不矛盾。而在文本異同之外，用字特徵也應予以關注。現存孟蜀石經除存字極少的《禮記》殘拓之外，經文用字皆有遵循唐石經的現象，且從存字較多的《毛詩》《周禮》《左傳》觀察，並非偶見而是系統性的用字特徵，即特意選擇的結果。總之，目前殘拓、殘石皆無存世之《孝經》《論語》《爾雅》可先存而不論，至少孟蜀石經其他七種的經文當以唐石經爲主要來源〔五〕，宋人之説尚難推翻〔六〕。

孟蜀石經的注文來源則並不一例。《毛詩》《尚書》《儀禮》《周禮》注文與後世刻本相較，皆存在較爲獨特的異文，且觀察存字較多的《毛詩》《周禮》，二者較之後世刻本存在大量異文。而《左傳》注文與敦煌寫本及文本來源較早的日寫本差異甚多，却與後世刻本尤其是監本系統更爲接近。此外，《周易》殘石注文皆王弼注之部分，其中保留了來源較早的文本，但並非獨立於後世刻本的異文，惜其存字過少，難知全貌。而晁公武《郡齋讀書志》載蜀石經《周易》「《説卦》『乾健也』以下有韓康伯注，《畧例》有唐四門助教邢璹注。此與國子監本不同者也。以蜀中印本校邢璹注《畧例》，不同者又百餘字」〔七〕，故可知蜀石經《周易》非王弼注部分與後世刻本相較，存在明顯的不同〔八〕。

綜上，孟蜀石經之經文，至少《周易》《毛詩》《尚書》《儀禮》《禮記》《周禮》《左

〔一〕詳見席益《府學石經堂圖籍記》、晁公武《石經考異序》等文。關於宋人所言之「太和舊本」，虞萬里先生近來有十分新穎的解讀，認爲「太和舊本是寫本，而非鄭覃據太和本校勘上石之開成石經本」，此説頗具啓發。請參虞萬里《蜀石經所見〈周禮・考工記〉文本管窺》，《嶺南學報》復刊第 17 輯《經學文獻研究》，上海古籍出版社，2023 年，第 167 頁。然細讀晁公武《石經考異序》，「太和舊本」「大和本」「太和石本」在晁序語境中似無區别，所指皆爲開成石經，今仍以「太和舊本」爲唐石經。

〔二〕詳見晁公武《石經考異序》，然依序中記載各經異文凡二百九十一科，顯然與三百二之數不合。而南宋曾宏父《石經鋪叙》「益郡石經」條也記各經異文之數，《公羊》《穀梁》分别作二十二、二十三，如此則恰合三百二之數，當從曾氏所記。

〔三〕除《爾雅》字數不明外，據曾宏父《石刻鋪叙》所載數據，孟蜀石經九種經文共計 508190 字，再計入《爾雅》，經文將超過 51 萬字。古人所記經文字數雖未必準確，但可以作爲宏觀參考。

〔四〕曾宏父《石刻鋪叙》「益郡石經」條引言《孝經》「右僕射毋昭裔以雍京石本校勘」一句，毋昭裔在校刻《孝經》《論語》時可能以唐石經爲校本，大概在校勘所用經注本之經文後再行書刻，雖未直接以唐石經爲底本，但毋氏此處校勘程序本身即含有依照唐石經之意，亦未破孟蜀石經遵循唐石經之主旨。而徑用經注本爲底本，將唐石經校改於經注本之中，當爲便宜計也。此種情況可能僅存在於廣政七年校刻石經的起始階段，而且大概也只能存在於經文字數較少的幾種經書當中。此法若施用於字數較多的經書，經文異文不但增多，字形異體更難以估量，一一校改反不方便，此時經、注分用底本可能是更爲實用的方法。

〔五〕《禮記》殘拓雖存字有限，然殘拓爲《御删定禮記月令》及李林甫進表之内容，這本身即可説明蜀石經《禮記》以唐石經爲依據。

〔六〕近年姚文昌先生有新説云「宋代以來將唐石經作爲蜀石經底本的認識是錯誤的，蜀石經《毛詩》所據底本是唐代以來的經注合寫本」，詳見姚文昌《蜀石經〈毛詩〉底本辨正》，《文史》2019 年第 1 輯，第 279—288 頁。然在通盤校理、考察用字後重作思量，愈信宋人之有據，故未改易舊作的基本觀點。

〔七〕（宋）晁公武《昭德先生郡齋讀書志》卷一，國家圖書館藏清汪氏藝芸書舍刊二十卷本（善本書號：02835），第 3B—4A 頁。

〔八〕除邢璹注與蜀中刻本存在不少異文外，蜀石經《説卦》「乾健也」以下有注文，更是頗具特色的文本。

傳》七種當以唐石經爲主要來源，其中與唐石經不合者或爲有意改動，或爲一時訛誤，似不能因關注少數異文而忽視占絶大多數的相同文本，進而否定經文依照唐石經的傳統觀點。《周易》《毛詩》《尚書》《儀禮》《周禮》注文存在寫本時代文本參差的特徵，保留了刻本時代來臨前夜的一些獨特注文。《左傳》注文性質則較爲特殊，相對於寫本更接近監本系統。孟蜀石經内部注文性質的這種差異，恰是經籍正在發生寫刻歷史演變的生動體現。

結語

由上文考察原石形制的過程不難發現，一旦獲得觀察原拓或高清圖版的機會，便可能捕捉到原石編號、拼接痕跡等細微信息，這些長期被封存的綫索，成爲破解蜀石經形制這一疑難問題的關鍵。此事足以説明，集中刊布蜀石經高清圖版的重要意義。此外，圍繞蜀石經産生的衍生文獻，也自有其價值。如上文提到的陳宗彝刻本《左傳・昭公》殘字，所據雖非原拓，但可能依然反映了此拓重裝前的較早面貌。而士人雅集與書賈求售兩類活動，均圍繞蜀石經殘拓産生了大量題跋文字。如以《毛詩》殘拓爲中心，乾隆時有杭州小山堂之會。又如《周禮・考工記》《公羊》殘拓曾爲陳慶鏞所得，故咸豐年間題識者多爲京師「顧祠同人」，觀拓構成了慈仁寺顧祠會祭之外的賞鑒活動。再如京師式古堂書坊主人得《左傳・襄公》殘拓，蓋爲出售計，嘗請多人考證題跋。這些活動有意無意間均推動了蜀石經研究，隨之産生的衍生文獻則是考察士人交遊、善本鑒藏的珍貴材料，同樣具有影印刊布的價值。

今幸得虞萬里先生、上海古籍出版社的積極推動，上海圖書館、國家圖書館、重慶中國三峽博物館的鼎力支持，以及郭沖、虞桑玲兩位責任編輯的專業襄助，蜀石經孑遺主體及豐富的衍生文獻首次集於一編，高清刊布。此次影印，上海古籍出版社以保存文獻原貌爲目標，盡力原大、原色呈現蜀石經殘拓的全部信息，爲進一步研究提供了可靠依據。期待《蜀石經集存》的出版，能夠消除文獻難得的阻礙，吸引更多學者參與討論。

二〇二三年九月寫於北京寓所

國家圖書館藏蜀石經《春秋公羊傳》殘拓録文

説　明

（一）國家圖書館藏蜀石經《春秋公羊傳》殘拓起自卷二桓公六年傳文「來也」，終於十五年經文「公會齊」，存十九開，末尾半開殘損。半開經傳大字五行行十五至十七字不等，注文小字雙行行二十至二十三字不等。

（二）拓中字迹殘損處，尚可辨識者徑録其文；存有殘形但較難辨識者與完全殘去者皆以「□」標識；不明具體殘損字數者以「▨」標識。

（三）殘拓每半開有朱筆數字即拓本葉號，唯末尾半開殘損，葉號已不可見。今依照朱筆用漢字表示，標記於葉尾。如「簡車【百廿四】」，意爲拓本第百廿四葉，「簡車」爲該葉最後兩字。又朱筆記「百」作「一」形，今徑録爲「百」。另據殘拓第一開右半以偶數起始推測，此本已經改裝；前缺六十一開半，則原拓卷二桓公元年處當與卷一隱公同冊裝裱，連續編號。

（四）帖芯内部非左右，中間邊緣之剪裱拼接痕跡，則推算行數加以標記，行數用阿拉伯數字表示。如「夫婦齊戒沐【659–660】浴」，按半開即一葉大字五行推算，「夫婦齊戒沐」屬 659 行，「浴」屬 660 行，659、660 行之間存在拼接痕跡。此類拼接痕跡可爲推斷原石形制提供依據。

（五）注釋中「唐石經」指唐開成石經《春秋公羊經傳解詁》，據日本京都大學人文科學研究所藏整拓本全文影像；「撫本」指南宋淳熙間撫州公使庫刻、紹熙四年（1193）重修本《春秋公羊經傳解詁》，據《中華再造善本》影印國家圖書館藏本；「余本」指南宋紹熙二年（1191）建安余仁仲萬卷堂刻本《春秋公羊經傳解詁》，今同時參考初印本與紹熙四年余氏重校本，前者據《中華再造善本》影印國家圖書館藏本，後者據《四部叢刊》影印本；「十行本」指元刻明修十行本《監本附音春秋公羊注疏》，據《中華再造善本》影印北京市文物局藏本。

録　文

（前缺六十一開半）

來也。猶曰是人來，不録何等人之辭。**孰謂？謂州公也**。以上如曹書。**曷爲謂之寔來？慢之也。曷爲慢之？**据葵丘之盟日。**化我也**。行過無禮謂之化，齊人語也。諸侯相過，至竟必假塗，入都必朝，所以崇禮讓，絶慢易，戒不虞也。今州公過魯都不朝魯，是慢之爲惡，故書「寔來」見其義也。月者，危録之，無禮之人，不可備責之。

夏，四月，公會紀侯于成。

秋，八月，壬午，大閲。□閲者何[一]**？簡車【百廿四】徒也**。大簡閲兵車，使可任用而習之。**何以書？蓋以罕書也**。罕，希也。孔子曰「以不教民戰，是□棄之」[二]。故比年簡徒謂之蒐，三年簡□謂之大閲[三]，五年大簡車徒謂之大蒐。存不忘亡，安不忘危。不地者，常地也。蒐例時，此日者，桓既無文德，又忽忘武備，故尤危録。

蔡人殺陳佗。陳佗者何？陳君也。以躍卒不書葬也。**陳君，則曷爲謂之陳佗？**据殺蔡侯般不言蔡般。**絶也**。絶者，國當絶。**曷爲絶之？**据戕【百廿五】鄫子不絶。**賤也。其賤奈何？外淫也。惡乎淫？**惡乎，猶於何

[一] 原拓「□」尚存殘形，蓋「大」字。
[二] 撫本、余本、十行本「□」作「謂」。
[三] 撫本、余本、十行本「□」作「車」。

也。**淫于蔡，蔡人殺之**。蔡稱人者，與使得討之，故從討賊辭也。賤而去其爵者，起其見卑賤，猶律文立子姦母，見乃得殺之也。不日、不書葬者，從賤文。

九月，丁卯，子同生。子同生者孰謂？謂莊公也。以夫人言同非吾子。**何言乎子同生？**据君存稱世子，子般不言生。**喜有正也**。喜國有正嗣。**未**【百廿六】**有言喜有正者，此其言喜□正何**〔一〕**？久無正也。子公羊子曰：「其諸以病桓與？」**其諸，辭也。夲所以書莊公生者，感隱桓之禍生於無正，故喜有正；而不以世子正稱書者，明欲以正見無正，疾惡桓公。日者，喜録之。禮，生與來日，死與往日，各取其所見日也。禮，世子生三日，卜士負之寢門外，以桒弧蓬矢射天地四方，明當有天地四方之事。三月，君名之，大夫負朝于廟，以名徧告之。

冬，紀侯來朝。朝聘例時【百廿七】。

七年，春，二月，己亥，焚咸丘。焚之者何？樵之也。樵，薪也。以樵燒之故，因謂之樵之。樵之，齊人語。**樵之者何？以火攻也。何言乎以火攻？**据戰、伐不道所用兵。**疾始以火攻也**。征伐之道，不過用兵，服則可以退，不服則可以進。火之盛炎，水之盛衝，雖欲服罪，不可復禁，故疾□暴而不仁也〔二〕。傳不託始者，前此未有，無所託也。**咸丘者何？邾婁之邑也。曷爲不繫乎**【百廿八】**邾婁？**据邢、鄣、部繫紀。**國之也**。欲使如國，故無所繫。加之者，辟實國也。**曷爲國之？**据邢、鄣、部不國。**君存焉爾**。所以起邾婁君在咸丘邑，明臣子當赴其難，與在國等也。日者，重録以火攻也。

夏，穀伯綏來朝，鄧侯吾離來朝。皆何以名？据滕、薛不名也。**失地之君也。其稱侯朝何？**据以賤也。**貴者無後，待之以初也**。穀、鄧夲與魯同貴爲【百廿九】諸侯，今失爵亡土來朝託寄也。義不可卑，故明當待之如初，所謂「故舊不遺，則民不偷」。無後者，施於所奔國也。獨妻得配夫，託衣食於公家，子孫當受田而耕，故云爾。下去二時者，桓公以火攻人君，故貶，明大惡。不月者，失地君朝惡人，輕也。名者，見不世也。

八年，春，正月，已卯，烝。烝者何？冬祭也。春曰祠，薦尚韭卵。祠，猶食也，猶繼嗣也。春物始生，孝子思親，繼嗣而食之，故曰祠，國以別死生。**夏**【百卅】**曰礿**，薦尚麥魚。麥始熟可礿，故曰礿。**秋曰嘗**，薦尚黍肫。嘗者，先辭也。秋穀成者非一，黍先熟可得薦，故曰嘗。**冬曰烝**。薦尚稻鴈。烝，衆也，氣盛貌。冬萬物畢成，所薦衆多，芬芳備具，故曰烝。無牲而祭謂之薦。天子四祭四薦，諸侯三祭三薦，大夫、士再祭再薦。祭於室，求之於幽；祭於堂，求之於明；祭於祊，求之於遠。皆孝子博求之意也。大夫求諸明，士求諸幽，尊卑之差也。殷人先求諸明〔三〕，周人先求諸幽，質文之義也。禮，天子、諸侯、卿大夫牛羊豕凡三牲，曰大牢；天子元士、諸侯之卿大夫羊豕凡二牲，曰少牢；諸侯之士特豕。天子之牲角握，諸侯角尺，卿大夫索牛【百卅一】。**常事不書，此何以書？譏。何譏爾？譏亟也**。亟，數也。屬□二月巳烝〔四〕，今復烝也。不異烝祭名，而言烝者，取冬祭所薦衆多，可以包四時之物。**亟則黷，黷則不敬**〔五〕。黷，渫黷也。**君子之祭也，敬而不黷**。君子生則敬養，死則敬享，故將祭，宫室既脩，牆屋既繕，百物既備，序其禮樂，具其百官。散齊七日，致齊三日，夫婦齊戒沐【659-660】浴，盛服。君牽牲，夫人奠酒；君親獻尸，夫人薦豆。卿大夫相君，命婦相夫人。洞洞乎，屬屬乎，如弗勝，□□□之〔六〕。濟濟乎【百卅二】致其敬也，愉愉乎

〔一〕原拓「□」尚存殘形，蓋「有」字。
〔二〕撫本、余本、十行本「□」作「其」。
〔三〕原拓「殷」字闕筆，以下相同處不再出注。
〔四〕撫本、余本、十行本「□」作「十」。
〔五〕原拓「敬」字闕筆，以下相同處不再出注。
〔六〕撫本、余本、十行本「□□□」作「如將失」。

盡其忠也，勿勿乎其欲饗之也。文王之祭，事死如事生，孝子之至也。**疏則怠，怠則忘**。怠，解。**士不及兹四者，則冬不裘，夏不葛**。禮夲下爲士制。兹，此也。四者，四時祭也。疏數之節，靡所折中，是故君子合諸天道，感四時物而思親也。祭必於夏之孟月者，取其見新物之月也。裘葛者，禦寒暑之美服。士有公事，不得及此四時祭者，則不敢美其衣服，蓋思念親之至也。故孔子曰「吾不與祭，如不祭」。

天王使家父來聘。家，采地。父，字也。天子中大夫氏采，故稱字，不稱伯仲也。

夏【百卅三】**，五月，丁丑，烝。何以書？譏亟也**。與上礿同爲亟也。

秋，伐邾婁。

冬，十月，雨雪。何以書？記異也。何異爾？不時也。周之十月，夏之八月，未當雨雪，此陰氣大盛，兵象也。是後有郎師、龍門之戰，泝血尤深。

祭公來，遂逆王后于紀。祭公者何？天子之三公也。天子置三公、九卿、二十七大夫、八十一元士，凡百二十官，下應十二子。祭者，采也。□子三公〔一〕，氏采稱【百卅四】爵。**何以不稱使？**據宰周公稱使。**婚禮不□主人**〔二〕。時王者有母也。**遂者何？生事也**。生，猶造也，專事之辭。**大夫無遂事，此其言遂何？**据待君命，然後卒大夫也。**成使乎我也**。以上來無事，知遂成使于我。**其成使乎我奈何？使我爲媒，可則因用是往逆矣**。婚禮成於五：先納采、問名、納吉、納徵、請期，然後親迎。時王者遣祭【百卅五】公來，使魯爲媒，□則因用魯往迎之〔三〕，不復成禮。疾王者不重妃匹，逆天下之母若逆婢妾，將謂海内何哉？故譏之。不言如紀者，辟有外文。**女在其國稱女，此其稱王后何？王者無外，其辭成矣**。

九年，春，紀季姜歸于京師。其辭成矣，則其稱紀季姜何？自我言紀，父母之於子，雖【百卅六】**爲天王后，猶曰吾季姜**。明子□□加於父母〔四〕。**京師者何？天子之居也**。以季姜言歸。**京者何？大也。師者何？衆也。天子之居，必以衆大之辭言之**。地方千里，周城千雉，宫室官府，制度廣大。四方各以其職來貢，莫不備具。所以必自有地者，治自近始，故據土，與諸侯分職而聽其政焉，即《春秋》所謂内治其國也。書季姜歸者，明魯爲□〔五〕，當有送迎之禮。

夏，四月。

秋，七月【百卅七】。

冬，曹伯使其世子射姑來朝。諸侯來曰朝，此世子也，其言朝何？据臣子一例，當言聘。**《春秋》有譏父老子代從政者，則未知其在齊與？曹與？**在齊者，世子光也。時曹伯年老有疾，使世子行聘禮，恐卑，故使自代朝，雖非禮，有尊厚魯之心。傳見下卒葬詳録，故序經意依違之也。小國無大夫，所以書者，重惡世子之不孝甚【百卅八】。

十年，春，王正月，庚申，曹伯終生卒。

夏，五【691-692】〔六〕**月，葬曹桓公**。小國始卒，當卒月葬時，而卒日葬月者，曹伯年老，使世子來朝，《春秋》敬老重恩，故爲魯恩録之尤深。

秋，公會衞侯于桃丘，弗遇。會者何？期辭也。其言弗遇何？公

〔一〕原拓「□」尚存殘形，蓋「天」字。
〔二〕唐石經、撫本、余本、十行本「□」作「稱」。
〔三〕撫本、余本、十行本「□」作「可」。
〔四〕撫本、余本、十行本「□□」作「尊不」。
〔五〕撫本、余本、十行本「□」作「媒」。
〔六〕據659行與660行、691行與692行之間拼接痕跡推測，660行至691行所在原石蓋32行。692行大字「桓公」右側尚存刻字「†⊏」，蓋「廿四」殘形，當爲原石編號。若以23面容納691行估算，蜀石經《公羊》每面或在30行左右，行數可能並不整齊劃一。

不見要也。時實桓公欲要見衛侯，衛侯不肯見□〔一〕，以非禮動，見拒有恥，故諱，使若會而不相遇。□弗遇者〔二〕，起公要之也。弗者，不之深也，起【百卅九】公見拒深。傳言「公□見要」者〔三〕，順經諱文。

冬，十有二月，丙午，齊侯、衛侯、鄭伯來戰于郎。郎者何？吾近邑也。以言來也。吾近邑，則其言來戰于郎何？據齊師、宋師次于郎不言來，公敗宋師不言戰，龍門之戰不舉地也。**近也。惡乎近？近乎圍也。**地而言來者，明近都城，幾與圍無異。不解戰者，從下說可知。**此偏戰也，何以不【百四十】言師敗績？**據十三年師敗績。偏，一面也。結日定地，各居一面，鳴鼓而戰，不相□〔四〕。**內不言戰，言戰乃敗矣。**《春秋》託王於魯。戰者，敵文也。王者兵不與諸侯敵，戰乃其已敗之文，故不復言師敗績。魯不復出主名者，兵近都城，明舉國無大小，當勠力拒之。

十有一年，春，正月，齊人、衛人、鄭人盟于惡曹。月者，桓公行惡，諸□所當誅〔五〕，屬上三國來戰于郎。今□使□者盟〔六〕，故爲魯懼，危録之。

夏，五【百四十一】月，癸未，鄭伯寤生卒。

秋，七月，葬鄭莊公。莊公殺段，所以書葬者，段□國〔七〕，卒當從討賊辭，不得與殺大夫同例。

九月，宋人執鄭祭仲。祭仲者何？鄭相也。不言大夫者，欲見持國重。**何以不名？賢也。何賢乎祭仲？**據身執君出，不能防難。**以爲知權也。**權者，稱也，所以別輕重，喻祭仲知國重君輕。君□以存國除逐君之罪〔八〕，雖不能防其難，罪不足而功有餘，故得爲賢也。不【百四二】引度量者，取其平實以無私。**其爲知權奈何？古者鄭國處于留，先鄭伯有善于鄶公者，通乎夫人，以取其國，而遷鄭焉，**遷鄭都於鄶也。**而野留。**野，鄙也。傳卒上事者，解宋所以得執祭仲，因以爲戒。**莊公死，已葬，祭仲將往省于留，塗出于宋，宋人執之，**宋人，宋莊公也。**謂之【百四三】曰：「爲我出忽而立突。」**突，宋外甥。**祭仲不從其言，則君必死，國必亡；**祭仲死，而忽旋爲突所驅逐而出奔，經不書忽奔，見微弱甚。是時宋強而鄭弱，祭仲探宋莊公卒弑君而立，非能爲突，將以爲賂動，守死不聽，令自入，見國無拒難者，必乘便將滅鄭，故深慮其大者也。**從其言，則君可以生易死，國可以存易亡。少遼緩之，**宋當從突求□〔九〕，鄭守正不與，則突外乖於宋，內【百四四】不行於臣下，遼假緩之。**則突可故出，而忽可故反。是不可得則病，**使突有賢才，是計不可得行，則已病逐君之罪。**然後有鄭國。**已雖病逐君之罪，討出突，然後能保有鄭國，猶愈於國之亡。**古人之有權者，祭仲之權是也。**古人，謂伊尹也。湯孫大甲驕蹇亂德，諸侯有叛志，伊尹放之桐宮，令自思【724-725】〔一〇〕過，三年而復成□之道〔一一〕。前雖有逐君之□〔一二〕，□有安天下之功〔一三〕，猶祭仲逐君存鄭之權□也〔一四〕。**權者何【百四五】？權者，反於經然後有善者也。權之所設，舍死亡無所設。**設，施也。舍，置也。如置死亡之事不得施。**行權有道，自貶損以行權，**身蒙

〔一〕撫本、余本、十行本「□」作「公」。
〔二〕撫本、余本、十行本「□」作「言」。
〔三〕撫本、余本、十行本「□」作「不」。
〔四〕原拓「□」尚存殘形，蓋「詐」字。
〔五〕原拓「□」尚存殘形，蓋「侯」字。
〔六〕原拓「今」後、「使」後之字尚存殘形，蓋「復」「微」。
〔七〕撫本、余本、十行本「□」作「當」。
〔八〕原拓「□」尚存殘形，蓋「子」字。
〔九〕原拓「□」尚存殘形，蓋「賂」字。
〔一〇〕據 691 行與 692 行、724 行與 725 行之間拼接痕跡推測，692 行至 724 行所在原石蓋 33 行。
〔一一〕原拓「□」尚存殘形，蓋「湯」字。
〔一二〕撫本、余本、十行本「□」作「負」。
〔一三〕撫本、余本「□」作「後」，十行本作「后」。
〔一四〕原拓「□」尚存殘形，蓋「是」字。

逐君之惡，以存鄭是也。**不害人以行權**。己納突，不害忽是也。**殺人以自生，亡人以自存，君子不爲也**。祭仲死則忽死，忽死則鄭亡。生者，乃所以生忽存鄭，非苟殺忽以自生，亡鄭以自存。反覆道此者，皆所以解上【百四六】死亡不施於己。宋不稱公者，脅鄭立簒，首惡當誅，非伯執也。祭仲不稱行人者，時不銜君命出使，但往省留耳。執例時，此月者，爲突歸鄭奪正，鄭伯出奔。

突歸于鄭。**突何以名？**据忽復歸于鄭，俱祭仲所納，繫國稱世子，不但名也。**挈乎祭仲也**。挈，猶提挈也。突當國，本當言鄭突，欲明祭仲從宋人命，提挈而納之，故上繫於祭仲。不繫國者，使與外納同也。時祭仲勢可殺突，以除忽害，而立之者，忽内未能懷保其民，外未能結助諸侯。如殺之，則宋軍強乘其弱，滅鄭不可救，故少遼緩之【百四七】。□□**歸何**〔一〕**？**据小□言入〔二〕。**順祭仲也**。順其計策，與使行權，故使無惡。

鄭忽出奔衛。**忽何以名？**据宋子既葬稱子。**《春秋》伯子男一也，辭無所貶**。《春秋》改周之文，從殷之質，合伯子男爲一，一辭無所貶，皆從子，夷狄進爵稱子是也。忽稱子，則與《春秋》改伯從子辭同，於成君無所貶損，故名也。名者，緣君薨有降既葬名義也，此非罪貶也。君子不奪人之親，故□□離子行也〔三〕。王者起所以必改質文者，□承衰亂〔四〕，救人之失也。天道本下，親親而質省【百四八】；地道敬上，尊尊而文煩。□□□始起〔五〕，先本□道以治天下〔六〕，質而親親，及其衰敝，其失也親□而不尊〔七〕；故後王起，法地道以治天下，文而尊尊，及其衰敝，其失也尊尊而不親，故復反之於質也。質家爵三等者，法天之有三光也；文家爵五等者，法地之有五行也。合三從子者，制由中也。

柔會宋公、陳侯、蔡叔盟于折。**柔者何？吾大夫之未命者也**。以俠卒也。輒發傳者，無氏嫌貶也。所以不卒柔者，深薄桓公，不與有恩禮於大夫也。盟不日□〔八〕，未命大夫盟會用兵，上不【百四九】□□□〔九〕，下重於士，罰疑從輕，□□之略〔一〇〕。蔡稱叔者，不能□□其姑姊妹〔一一〕，使淫於陳佗，故貶在字例。

公會宋公于夫童。

冬，十有二月，公會宋公于闞。

十有二年，春，正月。

夏，六月，壬寅，公會紀侯、莒子盟于毆蛇。

秋，七月，丁亥，公會宋公、燕人盟于穀丘。

八月，□辰〔一二〕**，陳侯躍卒**【百五十】。不書葬者，佗子也。佗不稱□□〔一三〕，□貶在名例〔一四〕，不當絶，故復去□葬也〔一五〕。

公會宋公于郯。

冬，十有一月，公會宋公于龜。

丙戌，公會鄭伯盟于武父。

丙戌，衛侯晉卒。不蒙上日者，《春秋》獨晉書立記卒耳。當蒙上日，與不

〔一〕唐石經、撫本、余本、十行本「□□」作「其言」。
〔二〕撫本、余本、十行本「□」作「白」。
〔三〕撫本、余本、十行本「□□」作「使不」。
〔四〕撫本、余本、十行本「□」作「爲」。
〔五〕撫本、余本、十行本「□□□」作「故王者」。
〔六〕撫本、余本、十行本「□」作「天」。
〔七〕撫本、余本、十行本「□」作「親」。
〔八〕撫本、余本、十行本「□」作「者」。
〔九〕撫本、余本、十行本「□□□」作「及大夫」。
〔一〇〕撫本、余本、十行本「□□」作「故責」。
〔一一〕撫本、余本、十行本「□□」作「防正」。
〔一二〕唐石經、撫本、余本、十行本「□」作「壬」。
〔一三〕撫本、余本、十行本「□□」作「侯者」。
〔一四〕撫本、余本、十行本「□」作「嫌」。
〔一五〕撫本、余本、十行本「□」作「躍」。

嫌異於纂例，故復出日明同。

十有二月，及鄭師伐宋。丁未，戰于宋。戰不言伐，此其言伐何【百五十一】〔一〕**？辟嫌也。惡乎嫌？嫌與鄭人戰也。**時宋主名不出，不言伐，則嫌内微者與鄭人戰於宋地，故舉伐以明之。宋不出主名者，兵攻都城，與郎同義。**此偏戰也，何以不言師敗績？内不言戰，言戰乃敗矣。**

十有三年，春，二月，公會紀侯、鄭伯。己巳【759-760】〔二〕**，及齊侯、宋公、衛侯、燕人戰，齊師、宋師、衛**【百五二】**師、燕師敗績。曷爲後日？**據𦗄之戰先書日。**恃外也。其恃□奈何**〔三〕**？得紀侯、鄭伯，然後能爲日也。**得紀侯、鄭伯之助，然後乃能結戰日以勝。君子不掩人之功，不蔽人之善，故後日以明之。**内不言戰，此其言戰何？**據公敗宋師于菅。**從外也。**從外諸侯相與戰例。**曷爲從外？**据戰于宋，不從外言敗績。**恃外，故從外也。**明當歸功於紀、鄭，故【百五三】從紀、鄭言戰。**何以不地？**据在下句。**近也。惡乎近？近乎圍。郎亦近矣，郎何以地？郎猶可以地也。**郎雖近，猶尚可言其處。今親戰龍門，兵攻城池，尤危，故恥之。績，功也。非義不戰，故以功言之。不言功者，□其積聚師衆〔四〕，有尊卑上下次弟行伍，必出萬死而不□北〔五〕，故以日敗爲文，明當坐也。燕戰稱人，敗績稱□者〔六〕，重敗也，戰少而敗多。言及者，明見伐者爲主，故得汲汲敗勝之文。

三月，葬衛宣公。背殯用兵而月，不危之者，衛弱於齊、宋，不【百五四】從亦有危，故量力不責也。

夏，大水。爲龍門之戰死傷者衆，民悲哀之所致。

秋，七月。

冬，十月。

十有四年，春，正月，公會鄭伯于曹。

無冰。何以書？記異也。周之正月，夏之十一月，法當堅冰。無冰者，温也。此夫人淫泆，陰而陽行之所致。

夏，五。鄭伯使其弟語來盟。夏五者何？無聞焉【百五五】**爾。**來盟者，聘而盟也。不言聘者，舉重也。内不出主名者，主國也，莅盟可知。□盟〔七〕、來盟例皆時。時者，從内爲王義，□王者當以至信先天下〔八〕。

秋，八月，壬申，御廩災。御廩者何？粢盛委之所藏也。黍稷曰粢，在器曰盛。委，積也。御者，謂御用于宗廟。廩者，釋治穀名。禮，天子親耕東□千畝〔九〕，諸侯百畝。后□人親西郊采桑〔一〇〕，以共粢盛祭服，躬行孝道以先天下。**御廩災何以書？記災也。**火自出燒之曰災。先是龍門之戰，死傷者衆，□無惻痛於民□心〔一一〕，不【百五六】重宗廟□尊〔一二〕，逆天危□□〔一三〕，□神不饗〔一四〕，□天應以災御廩〔一五〕。

乙亥，嘗。常事不書，此何以書？譏。何譏爾？譏嘗也。譏新有御廩災而嘗之。**曰：猶嘗乎？**難曰四時之祭不可廢，則無猶嘗乎？**御廩災，不如**

〔一〕原拓朱筆葉號「百五十一」上有蟲蛀，此類葉號蓋較早産生，當爲拓本製作之初的書寫痕跡。
〔二〕據724行與725行、759行與760行之間拼接痕跡推測，725行至759行所在原石蓋35行。
〔三〕原拓「□」尚存殘形，蓋「外」字。
〔四〕撫本、余本、十行本「□」作「取」。
〔五〕撫本、余本、十行本「□」作「奔」。
〔六〕撫本、余本、十行本「□」作「師」。
〔七〕原拓「□」尚存殘形，蓋「莅」字。
〔八〕原拓「□」尚存殘形，蓋「明」字。
〔九〕撫本、余本、十行本「□」作「田」。
〔一〇〕原拓「□」尚存殘形，蓋「夫」字。
〔一一〕原拓「無」前、「民」後之字尚存殘形，蓋「桓」「之」。
〔一二〕撫本、余本、十行本「□」作「之」。
〔一三〕撫本、余本、十行本「□□」作「先祖」。
〔一四〕撫本、余本、十行本「□」作「鬼」。
〔一五〕撫本、余本、十行本「□」作「故」。

勿嘗而已矣。當廢一時祭，自責以奉天災也。知不以不時者書，夲不當嘗也。

冬，十有二月，丁巳，齊侯禄父卒。

宋人以齊人、衛人、蔡人、陳【百五七】人伐鄭。**以者何？行其意也**。以己從人曰行，言□國行宋意也〔一〕。宋前納突求賂，突背恩伐宋，故宋結四國伐之。四國夲不起兵，當分別之，故加以也。宋恃四國乃伐鄭，四國當與宋同罪，非爲四國見輕重。

十有五年，春，二月，天王使家父來求車。**何以□**〔二〕**？□**〔三〕。**何譏爾？王者無求，求車非禮【百五八】也**。王者□□〔四〕，畿内租□□以共費〔五〕。四方□□其職來貢〔六〕，足以尊榮。當以至廉無爲率先天下，不當求。求則諸侯貪，大夫鄙，士庶盜竊。□例時〔七〕，此月者，桓行惡，不能誅，反從□之〔八〕，故獨月。

三月，乙未，天王崩。桓王也。

夏，四月，已巳，葬齊僖公。當時而日者，背殯伐鄭，危之【793—794】〔九〕。

五月，鄭伯突出奔蔡。**突何以名？**据衛□出奔楚不名〔一〇〕。不連爵問之者，并問。上巳名，今復名，故使文相□〔一一〕。**奪正也**。明祭仲得出之，故復於此名，著其奪正，不以□【百五九】衆録也〔一二〕。月者，大國奔例月，重乖離之禍，小國例時。

鄭世子忽復歸于鄭。**其稱世子何？**据上出奔不稱世子。**復正也**。欲言鄭忽，則嫌其出奔還入，與當國同文，反更成上鄭忽爲當國，故使稱世子明復正，以效祭仲之權，亦所以解上非當國也。**曷爲或言歸，或言復歸？復歸者，出惡，歸無惡**。**復□者**〔一三〕，**出無惡，入有惡**。**入者，出入惡**。**歸者，出入【百六十】無惡**。⊠不應□〔一四〕，□□入不應盜國〔一五〕。

⊠〔一六〕。⊠也〔一七〕。不書出時者，略小國。

公會齊□〔一八〕**（後缺）**

〔一〕原拓「□」尚存殘形，蓋「四」字。

〔二〕唐石經、撫本、余本、十行本「□」作「書」。

〔三〕唐石經、撫本、余本、十行本「□」作「譏」。

〔四〕撫本、余本、十行本「□□」作「千里」。10倍放大鏡下觀察原拓，「畿」前尚存殘形，蓋「里」字。

〔五〕原拓「□□」尚存殘形，蓋「稅足」。

〔六〕撫本、余本、十行本「□□」作「各以」。

〔七〕原拓「□」尚存殘形，蓋「求」字。

〔八〕撫本、余本、十行本「□」作「求」。

〔九〕據759行與760行，793行與794行之間拼接痕跡推測，760行至793行所在原石蓋34行。

〔一〇〕撫本、余本、十行本「□」作「侯」。

〔一一〕撫本、余本、十行本「□」作「顧」。

〔一二〕撫本、余本、十行本「□」作「失」。

〔一三〕10倍放大鏡下觀察原拓，「□」尚存殘形，蓋「入」字。

〔一四〕撫本、余本、十行本「⊠」作「皆於還入乃別之者，入國犯命，禍重也。忽未成君出奔，不應絶。出惡者，不如死之榮也。入無惡者，出」，「□」作「絶」。

〔一五〕撫本、余本、十行本「□□」作「則還」。

〔一六〕撫本、余本、十行本「⊠」作「許叔入于許」。

〔一七〕撫本、余本、十行本「⊠」作「稱叔者，春秋前失爵，在字例也。入者，出入惡，明當誅」。

〔一八〕原拓「□」尚存殘形，蓋「侯」字。